Die Einladung
Über die Sehnsucht des Vaters,
uns zu begegnen.

URSULA SCHOR

Herstellung und Verlag: BoD -
Books on Demand, Norderstedt

ISBN 9783752624892

Ich widme dieses Buch meinen wunderbaren
Töchtern Iljana, Eleonor und Mira. Ich freue
mich darauf, eines Tages von euren eigenen
Reisen mit dem Heiligen Geist hören zu können.
Ihr seid geliebt vom himmlischen Vater.

Inhaltsverzeichnis

Was wäre, wenn der **Heilige Geist** aus seiner Sicht meine Lebensgeschichte erzählte? Was würde er sagen, denken und fühlen? Wie nähme er die Dinge, die Ereignisse meines Lebens wahr? Wie würde er seine Worte betonen, wie sähe sein Gesichtsausdruck aus, wenn er von einer Episode aus meinem Leben berichtete? Was wäre, wenn …

Die Perspektive gewechselt

Ich bin davon überzeugt, dass Gott, Jesus und der Heilige Geist schon um mich gewusst haben, bevor ich geboren wurde. Sie verstehen mich wie niemand sonst auf dieser Welt - und das von Anfang an (siehe Psalm 139,1-5.13). Ich hingegen lernte sie erst im Laufe meines Lebens besser kennen ...

Der erste Teil dieses Buches erzählt von genau dieser Reise, einer Lebensreise, auf der ich mich auch heute noch befinde. Die Begegnungen, die ich dort beschreibe, haben mich näher zu diesem wunderbaren Gott gebracht, und ich bin meinem himmlischen Vater unendlich dankbar für jedes einzelne dieser Ereignisse. Einige Momente dieser Reise waren schön, andere schmerzten. Doch sie alle haben meine Persönlichkeit geschliffen - wie man einen Diamanten schleift, damit dessen Schönheit auf diese Weise mehr und mehr erstrahlt. Und so wuchs eine kostbare Beziehung zwischen mir und meinem einmaligen Vater.

Als ich anfing, einen Teil meiner Lebensgeschichte aufzuschreiben, stellte ich mir eines Tages folgende Frage: Was wäre, wenn der Heilige Geist aus seiner Sicht meine Lebensgeschichte erzählte? Was würde er sagen, denken und fühlen? Wie nähme er die Dinge, die Ereignisse meines Lebens wahr? Wie würde er seine Worte betonen, wie sähe sein Gesichtsausdruck aus, wenn er von einer Episode aus meinem Leben berichtete? Was wäre, wenn ...

Dieses Gedankenspiel brachte mich auf eine Idee: Ich beschloss, meine Erlebnisse mit Gott nicht aus meiner Sicht zu beschreiben, sondern aus einer anderen Perspektive: der des Heiligen Geistes. Ich stellte mir vor, wie er wohl all diese Momente meines Lebens erlebt haben mochte - er, der immer bei mir, bei uns ist (siehe Johannes 14,16). Natürlich kann ich nicht wissen, was seine Worte und Gedanken in diesen Momenten wirklich gewesen sind. Doch ich wage zu träumen, wie meine Geschichte aus diesem anderen Blickwinkel betrachtet aussehen könnte.

Ich möchte dich einladen, mich auf dieser Reise zu begleiten, einer Reise durch mein Leben. Ich hoffe, dass du in diesen Zeilen ebenso wie ich neue Seiten dieses wunderbaren Vaters entdecken wirst und dich diese Entdeckungen näher an sein Herz ziehen werden. Denn ich bin überzeugt, dass dies Gottes Wunsch für uns alle ist. Obwohl ich hier von meinen Abenteuern berichte, steht der Name Amaya, den ich mir im Buch gegeben habe, dafür, dass die Einladung für jede und jeden gilt. Amaya bedeutet «die geliebte Tochter» – wobei die Söhne dabei nicht ausgeschlossen sind. Er möchte sich mit allen seinen geliebten Söhnen und Töchtern auf eine Reise nach Hause begeben.

Ich will in meiner Erzählung dem Heiligen Geist keine Worte in den Mund legen, mit dem Anspruch, dass diese Worte und Gedanken genau so «ausgesprochen» wurden. Ich will lediglich eine Möglichkeit bieten, mein und dein Glaubensleben als die Beziehung zu unserem himmlischen Papa zu sehen, denn genau das ist es: eine Beziehung. Immer wieder bemerke ich, wie falsche Vorstellungen mir ein Bild von Gott vor mein inneres Auge malen. Ein Bild, das von Religiosität geprägt ist und mir Gott auf Distanz hält. Doch Gott ist ein persönlicher Gott, der liebt, fühlt und denkt. Ein Vater, der sich nach uns sehnt, in uns wohnen und mit uns eins sein will (siehe Johannes 14,23).

Ich hoffe, dass dich dieser etwas ungewöhnliche Perspektivwechsel nicht abschreckt, sondern einlädt, auf Gott, Jesus und den Heiligen Geist zuzugehen. Ich wünsche mir, dass durch diese Geschichte das Rufen des Vaterherzens an dein Herz gelangt. Doch nun ziehe ich mich zurück und überlasse das Wort dem Heiligen Geist ...

Die Reise nach Hause

Was wünschst du dir?

Gott sagte: «Sprich aus, was
ich dir geben soll!»

1. Könige 3,5b

Erfreu dich an Jahwe! Er gibt
dir, was dein Herz begehrt.

Psalm 37,4

Ich bin drei – und doch eins. Man nennt mich Tröster, Fürsprecher, Ermahner, Lehrer – Heiliger Geist. Ich war da, als diese Erde erschaffen wurde, ich war da, als Jesus am Kreuz starb. Ich war da, als Jesus zum Vater zurückkehrte und wurde auf diese Erde als Beistand der Menschen geschickt. Seitdem bin ich mit denen unterwegs, die eine offene Tür für mich haben. Ich tröste sie, helfe ihnen in Notsituationen, erteile Ratschläge, lasse sie Wahrheiten erkennen und bin ständig an ihrer Seite. Kurz gesagt: Ich bin ihr «Tourguide» auf ihrer Lebensreise. Ich dränge mich aber nicht auf. Oft flüstere ich, vergleichbar mit einem Windhauch, und lade die Menschen ein, sich gemeinsam mit mir in ein Abenteuer zu begeben. So war es auch damals bei Amaya. Ich kam leise, flüsternd und habe sie auf eine Reise mit mir eingeladen. Lass mich dir ihre Geschichte erzählen ...

Als ich Amaya das erste Mal begegnete, hatte sie keine Vorstellung davon, was dieses Zusammentreffen alles auslösen würde. Ich hatte sie auch früher schon getroffen, doch diese Begegnung war anders. Ich redete zu ihr persönlicher als je zuvor, und so wurde es der Anfang einer bedeutenden Geschichte – nicht bedeutend für die Welt, aber für unser Reich, das vom Vater, von Jesus und von mir.
Amaya war noch keine zwanzig Jahre alt, als ich sie unter den Palmen in einer Hängematte fand, an dem Ort, wo sie ihre Ferien verbrachte. Sie las in unserem Buch, dem

Buch der Bücher, und bemerkte mich noch nicht einmal, als ich nahe an sie herantrat. Wie ein Lufthauch flüsterte ich: «Was wünschst du dir von mir?»

Ich wusste natürlich, was sie gerade eben erst gelesen hatte: Die Geschichte des jungen Königs Salomo, als dieser von Gott gefragt wurde, was er sich wünsche. Seine Antwort damals war: «Weisheit.» Nun stellte ich ihr die gleiche Frage: «Was wünschst du dir von mir?»

Einige Minuten verstrichen, bevor sie in ihren Gedanken zaghaft antwortete: «Ich wünsche mir Liebe. Liebe, wie du sie hast. Liebe für die Menschen.» Ich hörte am Klang ihrer inneren Stimme die Zweifel, die an ihr nagten: «War dies wirklich seine Stimme? Habe ich mir diese Frage vielleicht eingebildet?»

Ihre Antwort berührte mich zutiefst und ich freute mich von ganzem Herzen darüber – ein besonderer Moment, den ich verinnerlichte. Ich lächelte ihr zu, ohne dass sie es bemerkte. Es würde einige Zeit dauern, bis diese Geschichte, Amayas Geschichte, ihren weiteren Lauf nehmen würde.

Ich höre und erhöre

Einige Monate waren seit dieser Begebenheit vergangen. Amaya war längst aus ihren Ferien zurückgekehrt und lebte ihren Alltag wie zuvor. Äusserlich hatte sich nichts verändert, doch diesen kostbaren Moment damals in der Hängematte, den hatte sie nicht vergessen. Er war in ihrem Herzen verborgen. Hin und wieder dachte sie daran zurück, aber die Zweifel in ihrem Herzen drohten die kostbare Erinnerung zu erdrücken. Ich erkannte, dass es jetzt an der Zeit war, diese Zweifel zu beseitigen. Allerdings würde ich dieses Mal nicht direkt zu ihr sprechen.

Es war Sonntag und wie jede zweite Woche besuchte Amaya ihre Kirche. Am Ende des Gottesdienstes setzten sich die Besucher für das gemeinsame Mittagessen an die Tische. Es waren afrikanische Missionare zu Besuch und das gemeinsame Essen war für alle eine gute Gelegenheit, sich noch weiter auszutauschen.

Amaya hatte die Missionare bereits in der Woche zuvor bei kleineren Ausflügen, die sie mit der Tochter des Pastors unternahm, kennengelernt. Sie setzte sich nun einer afrikanischen Frau namens Grace gegenüber. Und genau dieser Tochter Gottes näherte ich mich. Grace kannte meine Stimme sehr gut und spürte, dass ich neben sie trat. Ich wartete ab, beobachtete die beiden: Sie assen köstlich riechende Spaghetti und ihre

Gespräche wechselten von einem Thema zum nächsten. Ich liebe diese ausgelassene Stimmung, wenn Menschen bei einem guten Essen zusammensitzen und die Gemeinschaft geniessen. Es erinnert mich an so manche Mahlzeit, die Jesus mit seinen Jüngern einnahm. Viele Menschen unterschätzen die Bedeutung solcher alltäglichen Momente: Ein gemeinschaftliches Essen, etwas zusammen trinken, ein Telefongespräch, gemeinsames Lachen; all dies ist kostbar und schafft Raum für unser Reich.

Nach einer Weile war der geeignete Moment gekommen und ich wendete mich Grace zu. Ich flüsterte ihr etwas ins Ohr und sie nahm meine Stimme wahr. Grace prüfte sie in ihrem Herzen und wenig später teilte sie meine Botschaft mit Amaya: «Dein Name ist Kwagala!»

Erstaunt und verwirrt blickte diese Grace an. In ihren Augen standen Fragezeichen. Grace bemerkte Amayas Verwirrung und erklärte: «In Afrika erhalten die Leute, die sich bekehren und taufen lassen, einen neuen Namen.» Grace schaute ihr fest in die Augen und wiederholte: «Dein neuer Name ist Kwagala.»
Grace gab nun die ganze Botschaft, die ich ihr zugeflüstert hatte, an Amaya weiter. Diese Botschaft berührte einen so verborgenen Ort in ihrem Herz, wie nur das Wort des Vaters es vermag. Es hat die Kraft, alles zu verändern, was gewesen ist. Es heilt, richtet auf und erschafft (1. Petrus 5,10).

«Kwagala bedeutet Liebe!» Liebe, dieses Wort traf wie ein Pfeil mitten in Amayas Herz. Im Bruchteil einer Sekunde erinnerte sie sich an die Frage, die ich ihr unter den Palmen gestellt hatte. Dies war es, was sie sich gewünscht und woran sie dennoch so oft gezweifelt hatte. Nun sass ihr Grace gegenüber, die von einem anderen Kontinent hierhergekommen war, die nichts wusste von jener Frage. Ja, niemand konnte davon wissen, da sie keiner Person von dieser Begegnung mit mir erzählt hatte. Nur ich und Amaya waren dabei gewesen. Auf einen Schlag verschwanden alle Zweifel in ihrem Herzen. Die Unsicherheit, ob dieses Flüstern nicht doch ihre eigene Stimme gewesen sein könnte, löste sich in Rauch auf. Sie wusste nun, dass ich zu ihr gesprochen hatte. Ich hatte sie gehört und ihren Wunsch erfüllt: Kwagala.

Kwagala

Aber jetzt sagt **Jahwe,** der dich
geschaffen hat, Jakob, der dich
bildete, Israel: «Fürchte dich nicht, denn
ich habe dich erlöst! Ich habe dich
bei deinem Namen gerufen, du
gehörst mir!»

Jesaja 43,1

… , und ich werde ihm einen weißen
Stein geben. Darauf steht ein
neuer **Name,** den nur der kennt,
der ihn erhält.

Offenbarung 2,17b; Hfa

Immer noch tief berührt sass Amaya am Tisch. Eine Träne glänzte in ihrem Auge. Eine Träne, die mir eine Lebensgeschichte erzählte. Ich wusste um ihr Herz. Ich kannte ihre Schutzmauern und die Einsamkeit. Zugleich sah ich, wie hinter diese Mauer ein Samenkorn des Glaubens gesät wurde. Nun konnte sie zum ersten Mal glauben, dass ich sie wahrhaftig sehe und höre, dass ich an ihr und ihren Wünschen interessiert bin. Sie realisierte allmählich, dass ich mir sogar die Zeit nahm, ihr zu antworten, auch wenn sie auf meine Antwort hatte warten müssen. Wochenlang hatte sie darum gebangt, ob ihre Zweifel jemals in die Flucht geschlagen werden würden. Und nun erfüllten sich ihre Hoffnungen. Ein Wort von mir war genug (Johannes 6,68): Kwagala.

Ich mag dieses Lied von uns, vom Vater, Jesus und mir, in dem es heisst: «Ein Wort von dir und meine Seele wird gesund»[1] . Denn genau das geschah in diesem Moment: Amayas Seele wurde tatsächlich ein Stück heiler. Ich wusste, dass sie sich jahrelang einsam und ungesehen gefühlt hatte. Es war ja nicht nur ein Gefühl, sondern auch Realität: Sie wurde tatsächlich übersehen und oft überhört.

Doch für mich war Amaya nie unbedeutend. Ich hörte ihr Rufen sogar, wenn es nur ein Flüstern ihres Herzens war, wenn sie sich mit ihrer Einsamkeit und Traurigkeit alleine

1 Arne Kopfermann (1999): «Herr sprich lauter zu mir»

in ihr Zimmer zurückzog, wenn sie weinte oder ihre Wut verbarg. Wenn sie sich fragte, ob sie wirklich liebenswert war, ob sie genügte – dann war ich da. Sie war nie wirklich allein.

Jetzt endlich konnte ich Licht in die Angelegenheit bringen. Es war an der Zeit gewesen, diese Lügen der Einsamkeit, des Ungeliebtseins, des Nichtgesehenwerdens mit der Wahrheit zu konfrontieren. Ich wusste, dass mein Reden ihr nicht nur zeigte, dass ich sie unter den Palmen gehört hatte, sondern dieses eine Wort «Kwagala» durchbrach die Wolken der Lügen wie ein Lichtstrahl. Lügen, die sie davon abhielten, mir und meiner Liebe zu glauben.

Es würde noch einige Wochen, Monate, Jahre brauchen, bis diese Wahrheit sie völlig frei machte. Doch dies war der Moment des Aufbruchs: der Anfang einer Gemeinschaft. Ich hatte sie gehört und ihr geantwortet. Mir war zwar bewusst, dass die Wolken nur langsam zurückweichen würden, doch ich war da, um ihr zu begegnen und zu ihr mit Liebe zu reden, bis das Licht ganz durchgebrochen sein würde.

Amayas Herz nahm diesen Namen in sich auf und hielt sich daran fest. Der Name half ihr, mir ein wenig mehr zu vertrauen. Er machte sie resistenter gegen wiederkehrende Zweifel, dass ich nicht sprechen würde oder dass sie nicht würdig genug wäre, als dass ich mich mit ihr abgeben würde. Ja, dieser Name war eine Waffe in ihrer Hand, mit welcher sie Lügen in ihrem Kopf bekämpfen konnte. «Kwagala» sprach ihr Wert zu und festigte ihren Glauben an mich, an meine Existenz. Niemand konnte ihr das je wieder entreissen. «Kwagala» war ihr persönlicher Schatz, den sie in ihrem Herz aufbewahrte.

An diesem Sonntag kehrte Amaya gestärkt nach Hause zurück, mit einem strahlenden Gesicht und einer neu gewonnen Leichtigkeit. Ich liebte ihr Lächeln – und noch mehr ihr zartes Herz, das wagte, zu atmen und zu glauben.
Sie hatte sich auf die Reise begeben, und ich war an ihrer Seite. Voll Zuversicht blickte ich unseren kommenden Begegnungen entgegen. Begegnungen, in denen ich Amaya näher zum Vater führen würde. Ohne dass sie es wusste, hatte ich ihr durch diese Begegnung die Freiheit gegeben, die Reise zum Herzen des Vaters anzutreten. Auf diesem Weg sollte sie erfahren, was es bedeutet, eine Tochter Gottes zu sein. Amaya würde schlussendlich in so vieler Hinsicht geheilt werden, befreit dazu, die Tochter zu sein, zu der sie von Anfang an bestimmt war.

Es würde ein Abenteuer sein. Viele Herausforderungen, emotionale Berge und Täler standen ihr noch bevor. Doch ich wusste, dass es das wert war. Denn ich sah bereits das Ziel: Sie würde nach Hause kommen.

Das dreimalige Geschenk

So ist es auch mit meinem Wort: Es
kehrt nicht leer zu mir zurück, sondern
bewirkt, was ich will, und führt aus,
was ich ihm aufgetragen habe.

Jesaja 55,11

Denn so hoch der Himmel über der Erde
ist, so weit reichen meine Gedanken
über alles hinaus, was ihr euch denkt,
und meine Möglichkeiten über alles,
was für euch machbar ist.

Jesaja 55,9

Manchmal wundere ich mich über die Menschen. Sie wünschen sich etwas und wenn
sie es bekommen, dann können sie es nicht glauben. Dabei steht doch in unserem
Wort, dass der Vater geben will, was das Herz begehrt (Psalm 37,4).

Genauso ging es Amaya, als ich sie mit einem neuen Wort beschenkte. Seit der Begegnung mit Grace, die ein Fenster in ihrem Herzen geöffnet hatte, war einige Zeit
vergangen. Amaya hatte beschlossen, während der Sommerferien an einem zweiwö-
chigen Sommerlager als Mitarbeiterin teilzunehmen. Das Lager sollte als Startschuss
für eine Strassen-Sonntagsschule in ihrer Stadt dienen und sie genoss das Zusammen-
sein mit all den Jugendlichen. Eine Leiterin mochte sie besonders. Sie wurde ihr zu einer geistlichen Mutter – eine Frau, die sie im Glauben lehrte und begleitete. Es war
herrlich, zu sehen, wie viel die zwei in dieser Woche zusammen lachten! Diese Frau
weckte in Amaya etwas von ihrer Lebendigkeit und ihrem Humor, der ihr bereits in
früher Jugend abhandengekommen war; erstickt vom «braven Kind», das sie glaubte,
sein zu müssen, und das keinen Raum für diese Lebendigkeit zugelassen hatte. Lachen
ist etwas wirklich Kostbares und ich finde es so schade, wenn der Humor und die
Freude vor lauter «Regelbefolgen» und «Anständigsein» verloren gehen.

Diese geistliche Mutter wählte ich nun also aus, um wieder zu Amaya zu sprechen, und so schickte ich sie mit einem Vers aus unserem Wort zu ihr. Dieser Spruch, der von Befreiung der Gefangenen und Wiederherstellung der zerbrochenen Herzen spricht, war einer ihrer Herzenswünsche. Was ich ihr darin liebevoll mitteilte, glich der Sehnsucht in ihrem Herzen so sehr, dass sie dem Gesagten wieder nicht zu trauen wagte. Amaya befürchtete, dass sie sich das nur selbst eingeredet und ich es gar nicht so gemeint hatte. Auch wenn ich froh bin, dass Menschen meine Worte prüfen – etwas, was wirklich wichtig ist –, so wundere ich mich manchmal, dass sie zögern, es anzunehmen, wenn das Wort doch genau ihre Sehnsucht betrifft. Zum Glück verwarf Amaya diesen Vers nicht, sondern kam mit einer tollen Bitte zu mir: «Heiliger Geist, wenn dieser Vers wirklich für mich ist, dann gib ihn mir noch einmal.» Was für eine wunderbare Chance! Die liess ich mir natürlich nicht nehmen.

Gegen Ende der Woche schrieben einige der Teilnehmer einander ein paar ermutigende Zeilen. Wiederum erreichte Amaya dadurch derselbe Vers:
Der Geist von Jahwe ruht auf mir, denn Jahwe hat mich gesalbt. Er hat mich gesandt, den Elenden gute Botschaft zu bringen und zerbrochene Herzen zu verbinden; den Gefangen zu verkünden: «Ihr seid frei!» und den Gefesselten: «Ihr seid los!»
Jesaja 61,1
Nun konnte sie mein Geschenk annehmen, wenn auch zögernd. Sie versuchte, ihre Zweifel wegzuschieben und zu glauben, dass mein Wunsch für ihr Leben mit ihrem übereinstimmte, dass ich etwas – in ihren Augen Grossartiges – mit ihr vorhatte.

Weitreichende Pläne

Doch damit noch nicht genug. Dieses Wort war für Amaya so überwältigend, dass sie es ein drittes Mal erhalten sollte. Wie so oft verging dabei einige Zeit. Der Vater hat es im Gegensatz zu den Menschen nicht so eilig. Er lässt Dinge reifen, heranwachsen und gedeihen. Eigentlich sollte dies nicht überraschen, wenn man sich in der Natur umblickt. Die Pflanzen, Blumen und Bäume, die Tiere und die Jahreszeiten: Alles braucht Zeit, um sich zu entwickeln.

Obwohl Amaya diesem Vers in den Jahren nach der Sommerlagerwoche immer wieder begegnete und er ihr Herz jedes Mal berührte, sprach ich ihn erst achtzehn Jahre später wieder über ihrem Leben aus. Ich werde kurz ein paar Jahre überspringen und erzählen, wie sich das zugetragen hat …

Amaya war inzwischen 37 Jahre alt und machte eine Ausbildung zur begleitenden Seelsorge. Nach einer spannenden und lehrreichen Ausbildungszeit folgte nun die Abschlussfeier. Während dieser Feier erhielt sie einen Bibelvers zugesprochen, der ihr in einer Karte überreicht wurde. Dabei kamen jeweils die Teilnehmer einer Gruppe nach vorne, wo ihnen dann die Gruppenleiterin die Karte übergab. Bevor Amaya an der Reihe war, flüsterte sie mir zu, dass sie sich genau diesen Vers nochmals wünschte – inzwischen hatte sich unsere Beziehung vertieft, weshalb meine Anwesenheit und die Möglichkeit, mit mir zu kommunizieren, für sie selbstverständlich geworden waren. Sie ging mit ihrer Gruppe nach vorne und hörte, welches Bibelwort für sie ausgewählt worden war. Die Gruppenleitern hatte es abgeändert, um es auf sie zuzuschneiden: Der Herr spricht mit dir von Angesicht zu Angesicht, wie Freunde miteinander reden. frei abgeändert nach 2. Mose 33, 11

Auch wenn es nicht der Vers war, den sie sich gewünscht hatte, so berührte sie das Wort doch, und sie nahm die Karte dankbar entgegen. Vor mir konnte sie jedoch den kleinen Rest an Enttäuschung nicht verbergen, der in ihrem Herzen zurückblieb. Das musste sie auch gar nicht, Freunde müssen nichts voreinander verbergen. Sie können sie selbst sein, ohne Furcht, dass der andere sie ablehnt.

Genauso dürfen auch die Söhne und Töchter des himmlischen Vaters die Gemeinschaft mit uns pflegen – ohne Angst haben zu müssen, zurückgestossen zu werden. In unserem Buch steht ja, dass die Kinder Gottes sich nicht mehr zu fürchten brauchen (Römer 8, 15). Wir kennen ihre Gedanken – besser, als sie selbst diese kennen.

Als Amaya an ihren Platz zurückging und sich setzte, stellte ich mich hinter sie. Sie wollte unbedingt sofort die ganze Karte lesen. Ihre Leiterin, die sie während dieser Ausbildung begleitet hatte, hatte für sie einen Text dazugeschrieben und natürlich kannte ich den Inhalt schon längst. Ich wartete auf den Augenblick, wenn ihre Augen den Hinweis auf den erwünschten Vers sehen würden. Amayas Herz machte einen Sprung und jubelte. Ich hatte ihr durch das Bibelwort nicht nur aufgezeigt, wie unsere Beziehung aus unseren Augen aussieht, sondern ihr auch diesen erhofften Vers zugesagt. Nun, achtzehn Jahre später, hatte sie dieses Herzenswort somit ein drittes Mal empfangen.

Wir sind treu und wir lieben es, die Kinder zu bestätigen und zu beschenken. Oft sind unsere Pläne unglaublich weitreichend. Nicht umsonst steht in unserem Buch, dass seine Wege und Gedanken höher sind als die der Menschen (Jesaja 55,9). Wir vermögen es, Wünsche in die Herzen der Kinder zu legen, die erst Jahre später sichtbar werden. Mit diesem Vers hatte es sich genauso verhalten, denn kurz nachdem Amaya 31 Jahre alt geworden war – also sechs Jahre bevor sie diesen Vers ein drittes Mal empfangen hatte – begann sich dieses Wort ganz konkret in ihrem Leben zu verwirklichen. Sie gründete mit einigen Frauen einen Verein, und dessen Kern beinhaltet genau diesen Ausspruch von Jesaja 61 aus unserem Buch.

Das ist das Wunderbare an unserem Reden. Unsere Worte kommen nie leer zurück. Sie bewirken, wozu sie berufen sind und bringen die Zusage in der Realität hervor (Jesaja 55,11). Unsere Worte sind in der Tat lebendig und wir werden nicht müde, sie immer wieder zu verkünden, um seine Kinder zu ermutigen und zu festigen – damit unser Reich gebaut wird.

Taufe zum Zweiten

Als Jesus nach seiner Taufe aus dem
Wasser stieg, öffnete sich der Himmel
über ihm und er sah den Geist Gottes
wie eine Taube auf sich herabkommen.
Und aus dem Himmel sprach eine
Stimme: «Das ist mein lieber Sohn. An
ihm habe ich meine Freude!»

Matthäus 3,16.17

Das Herz des Menschen plant seinen
Weg, aber Jahwe lenkt seinen Schritt.

Sprüche 16,9

Ich muss in meiner Erzählung zeitlich noch einmal etwas zurückgehen, in die Zeit nach dem Sommerlager, als Amaya den Vers zum ersten Mal erhalten hatte.

Zu dieser Zeit waren Amaya die Pläne des Vaters noch unbekannt. Innerlich bewegte sie momentan ein ganz anderer Gedanke. Immer wieder fragte sie sich: «Soll ich mich taufen lassen? Ich bin doch bereits als Baby getauft worden. Ergibt es Sinn, diesen Akt mit zwanzig Jahren nun zu wiederholen? ‚Darf' ich das überhaupt?» Doch die Idee liess sie nicht mehr los.

An den Türpfosten des Zimmers angelehnt, schaute ich ihr aus einiger Entfernung zu, wie sie im Zimmer umhertigerte. Ich mochte ihre Art, einen Gedanken zu prüfen und zu erwägen, was es damit auf sich hatte. Es gehörte zu ihrem Sein – war Teil von ihr. Deshalb genoss ich dieses Schauspiel einige Minuten. Dann richtete ich mich auf, um zu ihr hinüberzugehen: «Was möchtest du denn?», fragte ich sie leise. «Wenn du mal alles ausser Acht lässt, was schon geschehen ist, zu der Zeit, als du deine Meinung noch nicht äussern konntest, noch kein Mitbestimmungsrecht hattest. Was willst du?»

Sie blieb stehen, liess sich das Ganze erneut durch den Kopf gehen. Ich beobachtete, wie ihre Augen plötzlich aufleuchteten. Wenn sie ehrlich zu sich selbst war, wusste sie tief in ihrem Innern genau, was sie wollte. Ihr Wunsch war es, sich taufen zu lassen, weil sie damit von ganzem Herzen zeigen konnte, dass sie zu uns gehören wollte; als ein Liebeszeichen. Ich lächelte ihr zu; ehrlich gesagt musste ich schmunzeln. Denn sie ahnte nicht, dass ihr Bruder und ihre Schwester sich ebenfalls für eine nochmalige Taufe entschlossen hatten. Sie würde es noch früh genug erfahren – was für eine Ermutigung!

Natürliches und Geistliches – Hand in Hand

Einige Monate später wateten Amaya und ihr Bruder an einem herrlichen Sommertag in den nahegelegenen See. Als sie in ihrer Kirche gefragt hatte, ob eine Taufe durchgeführt werden könnte, war sie erstaunt gewesen zu hören, dass ihr Bruder sich ebenfalls dazu entschieden hatte. Nun erkannte sie unser wunderbares Handeln in all dem Geschehenen. Zumal die Taufe ihrer Schwester im selben Jahr Tausende von Kilometern entfernt auf einem anderen Kontinent stattfinden sollte. Wie wunderbar der Vater immer wieder die Schritte der Menschen lenkt. Er vermag es, die Herzen seiner Kinder, die an völlig unterschiedlichen Orten leben, zum gleichen Thema zu bewegen. Distanz ist für ihn absolut kein Hindernis.

Ein wunderbares Bild zeichnete sich vor mir ab: Ihre Entschlossenheit und Liebe für uns, den Vater, Jesus und mich, im Herzen stand sie bis zur Hüfte im lauwarmen See. Ihr ganzes Leben hatte sie bisher in der am See gelegenen Stadt verbracht. Und in diesem See, der ihr so lieb geworden war, wollte sie sich nun gerne taufen lassen. Begleitet wurde sie neben dem Pastor von zwei für sie besonders wertvollen Frauen: Ihre leibliche Mutter und ihre geistliche Mutter standen beide an ihrer Seite. Ein Gleichnis dafür, wie sich das Natürliche und das Geistliche ergänzen, Hand in Hand gehen. Das eine kann nicht ohne das andere sein. In ihrem Leben würde Amaya beides benötigen. Die Mütter unterstützten sie auf dem Weg, der hinter ihr lag und würden sie auch auf dem Weg, der vor ihr lag, unterstützen. Ihre leibliche Mutter hatte in der Vergangenheit bereits für sie gekämpft und würde es auch weiterhin tun, würde leidenschaftlich für Amaya einstehen, während ihre geistliche Mutter sie über den Vater, Jesus und mich lehren würde. Was für ein Geschenk, wenn die Menschen sich ergänzen.

Ich stand hinter ihnen und genoss diesen Augenblick und das Lächeln des himmlischen Vaters über ihnen.

Ein Kuss des Vaters

Der Geist, den ihr empfangen habt,
macht euch ja nicht wieder zu Sklaven,
sodass ihr wie früher in Furcht leben
müsstet. Nein, ihr habt den Geist
empfangen, der euch zu **Kindern
Gottes** macht, den Geist, in dem wir
«Abba! Vater», zu Gott sagen.

Römer 8,15

Und zu erkennen, was alle Erkenntnis
übersteigt: die **unermessliche
Liebe**, die Christus zu uns hat. So
werdet ihr bis zur ganzen Fülle Gottes
erfüllt werden.

Epheser 3,19

Im folgenden Jahr nahm Amaya an einer Gebetswoche teil. Amaya hing nun mit jeder Faser ihres Herzens an uns. Sie war begeistert und liebte es, in unserer Nähe zu sein. Dennoch erkannte sie ihre wahre Identität als seine Tochter, als die Tochter des Höchsten, noch nicht. Sie wusste zwar um die Tatsache, dass sie sein Kind war, wie es in unserem Wort steht, doch «erkennen» bedeutet so viel mehr, als etwas nur mit dem Verstand zu begreifen.

Wenn ein Mensch etwas wirklich erkennt, dann geht das weit darüber hinaus. Es mag mit dem Verstand beginnen - was durchaus von Bedeutung ist -, aber dieses Verstehen gleicht eher dem ersten Schritt ins Wasser. Ein Mensch, der wirklich erkennt, spürt, wie sich Wasser anfühlt, er weiss, wie kalt oder warm es ist. Doch er kann weder darin schwimmen noch nimmt er wahr, wie ihn das Wasser trägt. Erst wenn er tiefer geht, erlebt er die tragende Kraft des Wassers; bis er eintaucht - völlig vom Wasser umgeben. So kann auch Erkenntnis umfassender sein und Herz und Geist durchdringen. Ein erkennender Mensch fängt an, zu erleben, zu erfahren und zu spüren, was es bedeutet, Kind Gottes zu sein. Allmählich, wenn sich diese Erlebnisse zusammenfügen, beginnen sie, seine Identität zu prägen. Er weiss nicht nur, dass er Kind Gottes ist, sondern er lebt es, er ist es im Innern seiner Persönlichkeit. Diese Wahrheit trägt ihn und gibt ihm den Boden im Alltag.

An diesem Punkt war Amaya noch nicht angelangt. Sie wusste erst in ihrem Verstand, dass sie die Tochter des grossen Gottes ist, weil es im Wort so steht. Ihr Herz hingegen hungerte nach dieser Wahrheit, ohne dass sie es bemerkte.

Während der Gebetswoche berührte und stärkte sie einiges. Anderes kurbelte leider eher ihr Leistungsdenken an. Was auch immer sie beschäftigte, ich liebte sie, ihre Einzigartigkeit. So hat der Vater sie geschaffen. Während dieser Tage wuchs eine Sehnsucht in ihr. Eine Sehnsucht nach uns, dem Vater, Jesus und mir.

Am letzten Tag der Gebetswoche geschah während des Abschlussvortrags etwas Besonderes. Es war gar nicht so wichtig, was gesagt wurde, als vielmehr, was in Amayas Herz geschah. Sie wollte nämlich eine Berührung vom Vater; entschlossen, nicht ohne diese nach Hause zu gehen. Ich sah Amaya und ihren Herzenswunsch, während ich neben ihr stand. Häufig bemerkte sie immer noch nicht, dass ich ganz nah bei ihr war. Ich sagte nichts. Für manche ist dies vielleicht erstaunlich, doch ich habe gelernt, auf das Handeln des Vaters zu warten. So wie Jesus das tut, was er den Vater tun sieht (Johannes 5,19) – so wartete auch ich auf den Vater. Statt zu ihr zu reden, bereitete ich im Stillen eine Begegnung vor – einen unglaublich kostbaren Moment.
Der Vortrag war zu Ende und damit auch die Gebetswoche. Amaya hoffte immer noch auf eine Berührung, spürte aber allmählich, wie Angst ihr Herz beschlich: Würde sie ohne diese Berührung nach Hause gehen müssen? Nein, das wollte sie nicht! In der Zwischenzeit wurde sie von einer Mitarbeiterin, die ihre Unruhe bemerkt hatte, in ein Gespräch verwickelt. Es dauerte nur einige Minuten, aber als Amaya diese Diskussion verliess, wirkte sie zwar gefasst, doch auch verwirrt und traurig. Denn obwohl Amaya durch diese Unterredung hilfreiche Hinweise erhalten hatte, wurde ihr Wunsch nach einer Berührung missverstanden. Sie redete sich danach ein, dass diese Sehnsucht nach einer Begegnung wohl nicht «Gottes Wille» gewesen war. Ihr Herz aber wusste nicht, was sie mit diesem Nicht-Erlebnis anfangen sollte; sie war zutiefst enttäuscht. Hatte sie zu viel verlangt? War es falsch, sich nach einer Berührung auszustrecken? Sie wusste nicht, wie sie all das interpretieren sollte.

Verstehen – genau das ist für die Menschen häufig ein Problem: Ihnen bereitet die Interpretation einer Situation Schwierigkeiten und dann brauchen sie meine Hilfe. Ich helfe ihnen so gerne dabei, zu verstehen oder wenigstens zu vertrauen, dass ich die Situation erfasse und die guten Pläne des Vaters bereits sehe.

Amaya war so aufgewühlt und unsicher – und so kam ich mit der Hilfe von ein paar Menschen zu ihr. Eigentlich vor allem mit der Hilfe eines Freundes. Dieser ältere, britische Herr war schon lange mit mir unterwegs und ich führte ihn an Amaya vorbei. Auf eine Freundin wartend, stand sie ganz alleine hinten in der Halle. Es war kaum eine Person anwesend, da die Leute sich auf den Heimweg gemacht hatten. Mein Freund sah Amaya, dieses junge Mädchen, und wusste, was er zu tun hatte, obschon er es nicht verstehen konnte. Er ging auf sie zu und fragte:

«May I kiss you on your cheek?» («Darf ich dich auf die Wange küssen?»)

Sie war ganz erstaunt. Was für eine merkwürdige Frage. Warum sollte dieser Herr sie auf die Wange küssen wollen? Amaya erkannte in diesem Mann einen Redner der Gebetswoche wieder, was sie zuversichtlich stimmte, dass sich keine falschen Absichten dahinter verbargen. Also nickte sie ihm bestätigend zu. Er küsste sie auf die Wange, genau wie ein Vater eine Tochter küsst, lächelte ihr zu und setzte seinen Weg fort. Er blieb mit diesem Lächeln nicht der Einzige. Amaya erkannte noch weitere Redner und Fürbitter dieser Gebetswoche, die ihr beim Vorbeilaufen ebenfalls zulächelten, um dann zu verschwinden.

Ich liebe diese verrückten Ideen des Vaters. Wer würde sich sonst so eine liebevolle Begegnung ausdenken! Ich wusste genau, was hier geschehen war, aber Amaya fand es erst fünfzehn Jahre später heraus. Erst dann erklärten wir ihr, dass dies unsere Antwort auf ihre damalige Sehnsucht nach einer Begegnung gewesen war. Wir zeigten ihr, dass dieser ältere Herr stellvertretend für den Vater zu ihr gekommen war, um ihr seinen Kuss zu übermitteln. So hatte der himmlische Vater ihr in diesem Moment seine Liebe und Bestätigung gegeben und auf ihr Verlangen nach einer Berührung geantwortet. Damals, am Ende dieser Gebetswoche, konnte Amaya es noch nicht erkennen, doch der Vater hat Geduld. Seine Pläne sind genial und so viel grösser als die der Menschen. In dem Moment, fünfzehn Jahre später, als Amaya die Wahrheit über diese Situation begriff, erkannte sie tief in ihrem Herzen und mit einem tränenüberströmten Gesicht, dass sie einen liebenden Vater hat.

Gemeinsam unterwegs

«Und seid gewiss: Ich bin jeden Tag
bei euch bis zum Ende der Zeit!»

Matthäus 28,20b

Wenn dann jedoch der Geist der
Wahrheit gekommen ist, wird
er euch zum vollen Verständnis
der Wahrheit führen.

Johannes 16,13a

Als Amaya von dieser Gebetswoche nach Hause kam, war ihre Sehnsucht, diesem Vater näherzukommen, nicht verschwunden. Der Wunsch nach tiefer Nähe war nach wie vor in ihr, auch wenn sie die Ereignisse dieses Abends, die Bedeutung des Kusses auf die Wange, erst viele Jahre später verstehen würde.

Je mehr sich Amaya daran gewöhnte, mein Reden zu bemerken, desto öfter verbrachten wir Zeit zusammen. Nicht, dass ich vorher nicht bei ihr gewesen wäre. Doch es war keine wirkliche Gemeinschaft. Denn für eine Gemeinschaft braucht es mindestens zwei Leute. Solange sie mich nicht wahrnahm, konnte sie sich mir auch nicht zuwenden. Dies passiert leider immer wieder. Menschen beklagen sich, dass ich ihnen nicht beigestanden hätte. Aber das ist ein Trugschluss. Ich lasse die Menschen nie im Stich – manchmal können sie mich einfach nur nicht sehen. Dann glauben sie, dass ich sie verlassen habe. Doch wir halten unser Wort: Jeden Tag, bis ans Ende der Zeit (Matthäus 28,20)!

Und so fand ich immer wieder Möglichkeiten, ihr näherzukommen: Durch andere Menschen – Gespräche und gemeinsame Gebete – konnte ich ihr trügerische Lebensmuster aufzeigen, Verletzungen aus der Vergangenheit heilen und einige falsche Vorstellungen davon, wie wir sind, zurechtrücken. Solch eine Veränderung braucht Zeit und geschieht nicht von einem Tag auf den anderen. Aber gemeinsam mit Amaya packten wir sie Schritt für Schritt an – und es war klar, dass dieser Prozess ihr ganzes Leben lang dauern würde. «Von Herrlichkeit zu Herrlichkeit ...», wie wir immer sagen.

Persönliche Jüngerschaftsschule

Es gab aber auch noch andere Gelegenheiten, in welchen ich Amaya begegnete. Wir hatten ganz spezielle Momente, in denen wir uns unterhielten, Momente, die nur uns zwei galten.

Es waren einige Monate seit der Gebetswoche vergangen und Amaya war in der Zwischenzeit in eine Wohngemeinschaft mit zwei wunderbaren Töchtern Gottes gezogen. Diese Gemeinschaft war so kostbar für sie. Dort, in ihrem WG-Zimmer, liebte sie es, auf dem Fenstersims zu sitzen; vor allem am Abend, wenn die Sterne hervorkamen und in der Stadt Ruhe einkehrte. Es war ihre Art, die Gedanken und Ereignisse des Tages hinter sich zu lassen. So schaffte sie Raum in sich, damit sie meine Stimme hören konnte. Amaya erzählte mir, was sie berührte, traurig machte oder beschäftigte. Manchmal sass sie auch einfach nur still da.

Ich liebte es, ihr zuzuhören. Wie schön, dass sie mich immer mehr wahrnahm und mir ihr Herz öffnete. Ich gab ihr Antworten auf Fragen oder Situationen, die sie bewegten. Oder ich erzählte ihr Dinge über den Vater, Jesus und mich und öffnete ihren Blick für die Wahrheit. Teilweise war ich einfach nur bei ihr – still – und genoss unsere neu gewonnene Gemeinschaft.

An manchen Nachmittagen ging sie auch spazieren, erzählend oder fragend. Sie wartete und hoffte, dass sie meine Stimme hören würde. Sie wurde nie enttäuscht. Vielleicht liess ich sie warten oder antwortete anders, als sie sich das vorgestellt hatte, doch ich liess Amaya nie alleine.

An einen speziellen Moment erinnere ich mich noch sehr genau. Sie war zum See geschlendert und hatte sich unter einen kleinen Baum gesetzt. Ich hatte sie dort schon erwartet. Gemeinsam schauten wir über das Wasser und liessen die Ruhe, die der See ausstrahlte, auf uns wirken. Ich schaute sie an, ohne dass sie es bemerkte. Sie wusste zwar, dass ich bei ihr war, doch konnte sie meinen Blick nicht wahrnehmen.

Sie war wunderschön. So wie jede Tochter Gottes auf einmalige Weise wunderschön ist. Oft sind sich die Töchter gar nicht bewusst, wie herrlich und einzigartig sie erschaffen sind, was für eine Schönheit und Würde sie ausstrahlen können. Wie schade, dass sie nicht sehen können, was für ein Lächeln sie bei mir, Jesus und dem Vater hervorzaubern. Wir sind begeistert von ihnen und ihrer Einmaligkeit.

Der Vater hatte mir gezeigt, was er ihr an jenem Tag für ein Angebot machen wollte. Ich freute mich darauf, ihr diese Frage zu stellen, und sah ihr Herz, das vor Leidenschaft für uns brannte, sich nach uns sehnte. Amaya war gerade erst dabei, zu entdecken, was für eine aussergewöhnliche Gemeinschaft mit uns möglich ist. Und sie war hungrig – hungrig nach mehr.

Ich blickte sie fragend an: «Willst du Jesu Jüngerin sein? Willst du in eine persönliche Jüngerschaftsschule eintreten?» Ungläubig, ob sie dies wirklich richtig verstanden hatte, zögerte sie mit der Antwort: «Klar will ich. Unbedingt. Aber geht denn das?» Ihre Gedanken überschlugen sich. «Kann man in eine Jüngerschaftsschule von Jesus eintreten?» Sie wusste nicht, ob dies theologisch korrekt war – doch so ein Angebot wollte sie nicht ausschlagen.

Eigentlich ist es komisch, dass Menschen, die an uns glauben, hinterfragen, ob sie von Jesus als Jünger berufen werden können. Von wem denn sonst, wenn sie Jünger Jesu sein wollen? Ein lustiger Gedanke. Natürlich wusste ich, woran sie zweifelte. Mussten nicht andere Menschen sie in einer Jüngerschaftsschule anleiten und unterrichten? Ja und Nein. Ich gebrauche immer wieder andere Menschen, um zu jemandem zu sprechen oder ihn zu lehren, doch ich will auch direkt zu den Menschen sprechen und sie unterrichten. Jesus hat ja gesagt, dass er mich, den Heiligen Geist, schicken werde, um sie alles zu lehren (Johannes 14,26).

Ich bestärkte sie nochmals darin, dass Jesus sie als Jüngerin berufen wollte, und legte meine Hand auf ihr Herz. Sie spürte meinen Frieden, der sie erfüllte und ihr Zutrauen wuchs. Mit mehr Sicherheit und einem Lächeln bestätigte sie. «Ja, unbedingt. Ich will gerne in diese Jüngerschaft eintreten.»

Und so begann eine wunderbare Zeit: Ich fing an, sie zu lehren. Zum Teil gebrauchte ich dafür andere Menschen, aber ich unterrichtete sie auch durch mein persönliches Reden zu ihr. Amaya war seit diesem Tag am See und ihrer inneren Bereitschaft offener und sensibler gegenüber meiner Gegenwart geworden und bemerkte mehr und mehr: Wir waren gemeinsam unterwegs.

Ausbildungszeit – im Natürlichen und Übernatürlichen

Ehre Jahwe mit deinem Besitz,
mit dem Besten von dem, was
du erntest. Dann füllen sich deine
Scheune mit Korn und deine Fässer
mit jungem Wein.

Sprüche 3,9.10

Überlass alle deine Sorgen dem HERRN!
Er wird dich wieder **aufrichten;**
niemals lässt er den scheitern, der
treu zu ihm steht.

Psalm 55,23; Hfa

Zu der Zeit als Amaya in die Wohngemeinschaft zog, begann sie auch ihr Studium, um Lehrerin zu werden. Durch die Gemeinschaft mit einigen Mitstudenten, die ebenfalls Christen waren, erlebte sie eine besondere Art der Jüngerschaft.
Ich habe so viele verschiedene Wege, wie ich die Menschen lehren kann. Und wenn sie offen für meine Führung sind, werden sie diese Wege auch erkennen. Das Ausmass meiner persönlichen Unterrichtsstunden durch diese Gemeinschaft verstand Amaya jedoch erst später. Ich führte sie während ihres Studiums mit Christen zusammen, die wie sie hungrig waren nach mehr von mir. Es freute mich, zu sehen, wie Amayas Herz und ihr Geist – ihre von Gott geschenkte Persönlichkeit – gestärkt wurden, während sie mich gemeinsam mit den anderen anbetete, mit mir redete und in Gesprächen mehr über mich und meine Wege lernte. Da gab es Söhne und Töchter des himmlischen Vaters, die schon eine Zeit lang eng mit mir unterwegs waren. Sie kannten meine Stimme, hatten schon viel von mir gelernt und konnten Amaya diese Erfahrungen weitergeben. Dann gab es andere, mit denen sie Gebetsabenteuer erlebte, und wiederum solche, welche sie selber ermutigen konnte.
Ich beobachtete sie oft während dieser Zeit. Amaya war regelrecht erwacht; ihr Geist war aufmerksam und sie war hungrig nach meinem Brot: Sie wollte mehr von mir lernen. Aber nicht nur theoretisch, nein, sie wollte mich erleben, mir begegnen. Ich liebte

es, zu sehen, wie sie sich für mich und mein Handeln öffnete. Es wurde für sie immer selbstverständlicher, dass ich in ihrem Alltag konkret handelte. Und auch wenn Amaya mein Reden und meine Gegenwart noch lange nicht so klar wahrnehmen konnte, schätzte ich die Minuten ihrer Aufmerksamkeit.

Während ihres Studiums wollte ich Amaya zeigen, dass unser Wort wahr und lebendig ist, und der Vater beabsichtigte dies ganz konkret auf dem Gebiet der Finanzen zu tun. Bereits zu Beginn ihres Studiums – kurz bevor wir sie am See in die persönliche Jüngerschaft eingeladen hatten – hatte sie erfahren, dass der Vater sie versorgte. Damals zog sie in die Wohngemeinschaft mit den zwei Töchtern Gottes, obwohl sie nicht wusste, wie sie die Wohnung bezahlen sollte. Doch für sie völlig überraschend schritten wir ein. Ich legte einem ihrer Kollegen ans Herz, den Teil der Miete, den sie zu bezahlen hatte, zu übernehmen. Es war herausfordernd für Amaya, dieses Angebot anzunehmen. Immer wieder fragte sie sich, ob sie diese finanzielle Hilfe in Anspruch nehmen dürfe, ohne eine Gegenleistung erbringen zu können. Musste nicht alles ausgeglichen werden? Musste sie nicht für alles irgendwie bezahlen?
Dieses bedingungslose Schenken und Annehmen ist dieser Welt fremd. Nicht so in unserem Königreich. In diesem Königreich müssen die Bürgerinnen und Bürger nicht alles aufwiegen; kein Konto darüber führen, was sie gegeben und wie viel sie erhalten haben. Seine Söhne und Töchter dürfen wissen, dass der Vater sie versorgt (Psalm 23,1). Er weiss, was sie benötigen, bevor sie ihn bitten (Matthäus 6,8). Und er wird sich um sie kümmern. Wenn sie geben, dann geben sie aus dem Reichtum, den sie von ihm erhalten haben. Und wenn sie bedürftig sind, werden sie aus seinem Reichtum versorgt. In ihm ist eine uneingeschränkte Fülle. Niemand muss zu kurz kommen. Die Söhne und Töchter können füreinander sorgen, weil sie wissen, dass sie einen Vater haben, der für sie sorgt.
So durfte Amaya lernen, dieses Geschenk anzunehmen. Und sie ahnte bereits, dass sie eines Tages selbst in der Position sein würde, ihren Teil weiterzugeben zu können – aus dem Reichtum des Vaters.

Dir wird nichts mangeln

Wenn die Menschen auf die Stimme des Vaters hören und tun, was er sagt, können unglaubliche Dinge geschehen. Es liegt so viel Kraft und Freude darin, wenn die Menschen sich gegenseitig unterstützen und ihr Leben teilen. Genau das durfte auch Amaya zu jener Zeit erfahren.

Sie wollte unserem Wort vertrauen und erleben, dass es wirklich lebendig ist. Also lenkte ich eines Tages ihr Augenmerk auf eine Bibelstelle, die davon handelte, dass der Vater sein Volk mit Getreide und Wein versorgt, wenn die Israeliten ihm einen Teil ihrer Erstlingsfrüchte geben (Sprüche 3,9-10). Leise flüsterte ich Amaya zu: «Probiere es aus.» Ermutigt durch die Erlebnisse der göttlichen Miet-Versorgung, entschloss sie sich dazu, es auszuprobieren. Erstlingsfrüchte hatte sie nicht, aber einen kleinen Lohn von einem Studentenjob, von dem sie etwas spenden konnte. Ich musste lächeln, als ich ihre Bitte hörte: «Getreide zu bekommen ist ja toll, aber Wein mag ich nicht so sehr, dass ich meinen ,Weinkeller' gefüllt haben möchte. Vielleicht könntest du mich in anderer Form beschenken, das würde ich schätzen. Sonst nehme ich halt den Wein.»

Natürlich wusste ich, dass sie Wein nicht so sehr mag. Doch ich genoss es, dass Amaya mir ihr Herz erklärte und Worte für ihre Wünsche fand. Ich fand es so schön, dies alles aus ihrem Mund zu hören, mit ihren Worten formuliert. Wie hätte ich ihr diese Bitte abschlagen können? Ich hatte ihren Wunsch doch längst erkannt: Sie wollte so gerne Weihnachtsgebäck backen, hatte aber Zweifel, ob ihr knappes Budget dafür wirklich belastet werden sollte.
Es vergingen einige Wochen, in denen sie voll Optimismus auf unser Eingreifen wartete. Sie war neugierig zu sehen, was wir wohl tun würden, und hatte keine Ahnung davon, dass ich ihrer Mutter längst einen Auftrag übertragen hatte: Ich hatte mich ihr genähert, als sie den Einkaufszettel vorbereitet hatte, sah, wie sie Mehl aufschrieb, und wandte ein: «Wie wäre es, wenn du deiner Tochter Mehl und weitere Zutaten besorgen würdest?» Ihre Mutter konnte zuerst diesen Gedanken nicht einordnen. «Was für Zutaten? Wofür?»
Leise flüsterte ich: «Sie würde sicher gerne für Weihnachten backen.» Ihre Mutter war sofort für diesen Vorschlag zu haben und erweiterte ihre Einkaufsliste. Kurze Zeit später überraschte sie Amaya mit einem Einkaufskorb voller Zutaten für Weihnachtsgebäck. Ich stand in der Küchentür, als sie den Korb mit dem Inhalt bestaunte und erkannte, wie sie die Verbindung zu der Bibelstelle herstellte. Voll Staunen und Freude lobte Amaya uns. Sie war begeistert davon, dass unser Wort nicht nur wahr, sondern lebendig ist, und musste lachen über unsere Kreativität, sie mit Backzutaten anstatt mit Wein zu beschenken. Und wir lachten mit. Wir lieben es, uns den Menschen zuzuwenden.

Es gibt so viele verschiedene Gelegenheiten, bei denen wir uns wünschen, auf die Mithilfe der Söhne und Töchter des Vaters zählen zu können – wie bei den Backzutaten. Und ich bin immer ganz begeistert, wenn sich wieder ein solche Möglichkeit bietet: Eines Tages, als Amayas Budget sehr eng wurde, war wieder einer dieser Momente. In der Zwischenzeit waren sie in der Wohngemeinschaft nämlich nur noch zu zweit, da eine der Freundinnen geheiratet hatte. Ihr Kollege übernahm weiterhin einen Teil der Miete, doch der Betrag der dritten Person musste von Amaya und ihrer Freundin ausgeglichen werden. Ich beobachtete sie, als sie sich eines Morgens fragte, wie sie nur die monatliche Rechnung bezahlen sollte. Bald würde die Miete anfallen und ihr fehlten immer noch einige Hundert Franken. Sie hatte keine Ahnung, wie das Problem gelöst werden könnte, aber sie wollte uns vertrauen.

Amaya packte ihre Sachen und machte sich auf den Weg zur Uni. Sie konnte nicht wissen, dass wir schon einige Tage zuvor angefangen hatten, an der Lösung ihres Problems zu arbeiten. In einer anderen Ecke des Kantons hatte ich jemanden beauftragt, Geld in einen Umschlag zu legen, um diesen in einem Briefkasten zu deponieren. Ich war leicht an den Briefkasten gelehnt, als einer meiner Freunde sich genau diesem, seinem eigenen Briefkasten, näherte und den Umschlag in Empfang nahm. Er war freudig überrascht, als er den Inhalt sah, aber auch erstaunt. Nicht wegen des Geldes, denn er kannte unsere himmlischen Versorgungswege bereits. Es war nicht das erste Mal, dass er einen Umschlag mit Geld empfangen hatte. Doch ihn überraschte der Zeitpunkt. Er wandte sich mir zu und fragte: «Warum erhalte ich jetzt Geld? Ich habe doch genug? Ich bin gar nicht mehr darauf angewiesen. Aber trotzdem danke!»
Ich lächelte ihm zu und bedeutete ihm, den Umschlag mit zur Uni zu nehmen. «Du wirst schon verstehen», meinte ich. Er vertraute mir, weil er mich kannte. Oft genug hatte er erlebt, dass ich einen guten Plan habe und er mir folgen kann, auch wenn er noch keinen Durchblick hat.

So traf mein Freund Amaya später an jenem Tag im Computerraum der Uni. Ich stand hinter ihnen, als sie sich begrüssten und darüber austauschten, wie es ihnen ging. Endlich kamen sie auf das Thema der Miete zu sprechen. Als Amaya ihm von ihren Sorgen erzählte, musste ich ihm keinen Stoss mehr in die Seite geben, er hatte bereits verstanden. Sofort nahm er seine Tasche hervor und streckte ihr den Umschlag zu: «Ich brauche das Geld nicht. Ich verdiene momentan genug dank meines Nebenjobs.» Ihr erstauntes Gesicht war Gold wert. Doch es kam noch besser. Da uns nichts verborgen ist, wussten wir genau, welchen Betrag sie noch benötigte. Er stimmte mit demjenigen im Umschlag überein.
In ihrem Herzen jubelte sie und dankte uns. Sie war so unendlich froh und erleichtert, die Miete nun doch bezahlen zu können.

Was der Vater für dich getan hat

Jahwe ist ihm von fern erschienen:
«Ich hörte nie auf, dich zu lieben, ich
habe dir Treue gehalten!»

Jeremia 31,3

Er hat nicht einmal seinen eigenen
Sohn verschont, sondern ihn für uns
alle ausgeliefert: Wird er uns dann noch
irgendetwas vorenthalten?

Römer 8,32

Finanzielle Versorgung, väterliche Begegnungen: Die Kreativität des Vaters in Sachen Liebesbeweise ist grenzenlos. Und so planten wir, als Amaya mit 22 Jahren im Sommer nach Frankreich ging, eine weitere wichtige Begegnung. Sie verbrachte einen dreimonatigen Sprachaufenthalt, der Teil ihres Lehrerstudiums war, in Marseille. Amaya konnte diesen in einer Gemeinschaft von Christen verbringen, deren Wohnblock mitten in der lärmigen Stadt lag.

Wie schon so oft setzte sie sich eines Abends auf die Fensterbank. Dies war einer unserer Lieblingsplätze geworden. Hier atmete sie die frische Luft ein – obwohl, so frisch war sie in dieser Grossstadt nicht. Dabei wanderte ihr Blick immer wieder vom Himmel zur Stadt und wieder zurück. Sie liess den Alltag hinter sich, gab ihrem Herzen freien Raum und hatte Zweisamkeit mit mir.
An jenem Abend hatte ich schon gespannt auf den Moment gewartet, an dem sie jenen Platz einnehmen würde. Ich wusste, dass ihre Gedanken bei ihren Eltern waren, sah ihre Unsicherheit und kannte ihre Frage: «Liebt mich mein Papa eigentlich?»
Es schmerzt mich, zu sehen, wie oft die Kinder des himmlischen Vaters durch traurige Erlebnisse oder durch Lügen, die sie glauben, an seiner Liebe zu ihnen zweifeln. Doch an jenem Abend wollten wir an dieser Unsicherheit etwas ändern. Nicht jeder Zweifel oder Schmerz würde aus dem Weg geräumt werden können, doch es sollte ein Anfang sein.

Ich setzte mich neben sie und flüsterte zu ihrem Herzen: «Weisst du, dass dein leiblicher Papa dich unglaublich liebt?» Ich konnte spüren, wie sich die Unsicherheit in ihrem Herzen bemerkbar machte. Es war, als würde diese Unsicherheit ihren ganzen Körper überschatten. Ihr Bauch verkrampfte sich. Diese unbeantwortete Frage, ob sie geliebt ist, nahm ihr innerlich und äusserlich den Halt – die Angst ungewollt, ungeliebt zu sein, kroch in ihr hoch. «Bin ich wirklich geliebt?» Die Frage ist in so vielen Herzen verankert und oft ungenügend beantwortet, denn kein Mensch kann sie vollkommen beantworten; allein der himmlische Vater.

«Dein Papa liebt dich unglaublich Amaya», fuhr ich fort. «Auch wenn du dies nicht immer bemerkt hast.» Ich zeigte ihr auf, was ihr leiblicher Vater für sie und ihre Geschwister getan hatte: Wie er treu einen Beruf ausgeübt hatte, der nie sein Traumberuf gewesen war. Wie er diesen Beruf hatte wählen müssen, ohne nach seinen Wünschen gefragt zu werden. «Er hat sich deswegen nie bei euch, den Kindern, beschwert. Er ist seiner Arbeit treu nachgegangen, um seiner Familie den Lebensunterhalt zu sichern, ja, sogar Ferien und andere Dinge zu ermöglichen. Er war bereit, euch jede Ausbildung zu ermöglichen, die ihr euch gewünscht habt. Bei keinem Kind hiess es, dass es zu viel kostet, diesen Beruf zu erlernen. Dafür hat er gearbeitet. Vielleicht konnte er die Liebe nicht immer so gut in Worte fassen, doch was er jeden Tag durch sein Leben tat, sagt so viel mehr.»
Als ich ihr die Augen für diese Liebe öffnete, begann sich eine Dankbarkeit in ihr auszubreiten. Sie entspannte sich und die beklemmende Angst machte einem tiefen Frieden Platz. Amaya hatte meine Worte gehört und verstanden. Sie erkannte allmählich, wie sehr ihr Papa sie liebte. Diese Gewissheit half ihr, glauben zu können, dass auch der Vater im Himmel sie liebt. Denn ob die Söhne und Töchter dies wollen oder nicht – das Bild, das sie von ihrem leiblichen Vater haben, übertragen sie stückweise auch auf den himmlischen Vater: die schönen und wertvollen Eigenschaften ebenso wie diejenigen, die von dieser gefallenen, verwundeten Welt geprägt und beeinflusst sind.

Einige Jahre später würde Amaya sogar verstehen, wie sehr die Liebe ihres Papas der Liebe des himmlischen Vaters gleicht[2]. Ihr leiblicher Vater zeigte durch das, was er für sie tat, wie sehr er sie liebte. Genau wie der himmlische Vater ihr – und jedem Menschen auf dieser Welt – durch das, was er für sie getan hat, zeigt, wie sehr er jeden Einzelnen liebt.

2 Siehe Kapitel «Der Beweis» im zweiten Teil des Buches.

Gott aber beweist uns seine grosse
Liebe gerade dadurch, dass
Christus für uns starb, als wir
noch Sünder waren.

Römer 5,8 Hfa

Der ultimative Beweis dafür, dass Gott jeden auf dieser Welt liebt, findet sich darin, dass der Vater seinen Sohn, Jesus, sandte, damit er für die Sünden aller sterben würde. Er war bereit, alles zu opfern, das Teuerste hinzugeben, aus Liebe zu seinen Kindern: seinen eigenen Sohn. Jesus nahm die Schmerzen auf sich, um die Kinder zu retten und ihnen ein Leben zu ermöglichen.

Nach einer Weile griff Amaya zu einem Stück Papier und begann, einen Brief an ihren Papa zu verfassen. Sie wollte ihm danken für das, was er durch sein Leben getan hatte. Er sollte wissen, dass sie seine Bereitschaft und Hingabe sah und wertschätzte.
Ich blieb neben ihr sitzen und schaute ihr beim Schreiben zu. Dankbar, dass ihr Herz wieder ein Stück mehr Wahrheit erkannt hatte.
Dort sitzend schweiften meine Gedanken in die nahe Zukunft. Ich sah, dass der himmlische Vater diese Sehnsucht nach Liebe in ihr noch mehr stillen wollte. Er wünschte sich, ihr seine Zuneigung und seine Umarmungen als Vater weiterzugeben; Nähe, die ihr noch fehlte.

Ein Juwel des Himmels

Für die Menschen ist wichtig, was sie
mit den Augen wahrnehmen
können; ich dagegen schaue jedem
Menschen ins Herz.

1. Samuel 16,7b; Hfa

Wie ein Vater seine Kinder liebt,
so liebt der HERR alle,
die ihn achten und ehren.

Psalm 103,13; Hfa

Die Sehnsucht des Vaters, seine Söhne und Töchter zurückzugewinnen, ist unvorstellbar stark. Er scheut keinen Aufwand, seinen Kindern sein Vaterherz zu offenbaren. Weil Jesus – und auch ich – sein Herz teilen, war Jesus entschlossen das Leiden am Kreuz auf sich zu nehmen. Um die Kinder des Vaters nach Hause zu bringen, sind wir bereit, alles zu tun. Wenn die Menschen das Fest miterleben könnten, das wir feiern, wenn ein einziges Kind zu ihm zurückfindet, dann könnten sie ein wenig von der Freude und der Liebe unseres Herzens erahnen. Diese tiefe Sehnsucht lässt ihn die verrücktesten Begebenheiten einfädeln.

Seit dem Brief auf der Fensterbank in Frankreich war bereits ein Jahr vergangen und auf Amaya sollte ein besonderes Abenteuer warten: Der Vater wollte ihr all die väterlichen Umarmungen schenken, nach denen sie sich so sehr sehnte. Dieses Abenteuer geschah in Amerika – äusserlich betrachtet handelte es sich lediglich um einen weiteren Sprachaufenthalt. Doch ich wusste, dass der Vater noch etwas weitaus Wichtigeres bereithielt. Er wollte Amaya seine Herzenssprache offenbaren.

Ich wartete am kleinen Flughafen in Pensacole, Florida, auf sie, um sie willkommen zu heissen. Es war beinahe 20.00 Uhr als sie landete. Sie verpasste mein «Hallo, schön, dass du da bist» jedoch vor lauter Nervosität. Ihr Blick streifte umher, während ihr

Adrenalinspiegel langsam anstieg. Niemand war da, um sie abzuholen. «Bleib ganz ruhig, sie werden jeden Moment hier auftauchen. Es wird alles gut werden», versuchte sie sich selbst zu beruhigen. Ich stand neben ihr und hätte ihr gerne Mut zugesprochen und ihr meinen Frieden ins Herz gelegt. Doch sie konnte mich weder hören noch wahrnehmen, weil sie ihren Blick auf ganz andere Dinge gerichtet hatte. Die Sorgen verdeckten ihren Blick und versuchten, sie zu ersticken – wie der gute Same, der von Dornen überwuchert wird (Matthäus 13,22).

Nach einigen Minuten entschloss Amaya sich, ein Telefon aufzusuchen und die Gastfamilie anzurufen. Niemand ging ans Telefon. «Was ist hier nur los?» Sie entschied, sich beim Ausgang des Flughafens hinzustellen und abzuwarten. Ich sah, wie der Feind alle möglichen Gedanken der Angst an sie herantrug: «Was, wenn niemand kommt? Ich kann doch nicht einfach mit einem Taxi zur Adresse fahren. Vielleicht ist es ja eine gefährliche Gegend. Es wird Abend und es scheint niemand zu Hause zu sein. Oder bin ich am falschen Flughafen? Gibt es einen anderen Ort, der genau gleich heisst? Warten die Leute nun dort und ich bin hier alleine?»

Ich stand ganz nahe bei ihr und sah alle ihre Sorgen und Ängste, sah wie alle diese Gedanken sie wie in einer Spirale herunterzogen. Doch ich war da – jeden Augenblick. So wie ich immer da bin – denn das haben wir versprochen: jeden Tag, bis ans Ende der Welt (Matthäus 28,20). Egal was geschieht, egal wo jemand steckt. Wir sind da.

Ein Mann kam vorbei und stoppte: «Ich habe bemerkt, dass du schon länger hier wartest», sagte er freundlich. «Kann ich dich irgendwo hinbringen?» Mit dieser Begegnung versuchte ich ihr Mut zuzusprechen. Ich wollte ihr zeigen, dass sie gesehen wird, dass sie nicht alleine ist. Der Mann kannte die Adresse jedoch nicht, zudem wollte sie doch lieber auf die Familie warten. Was sollte sie auch alleine beim Haus machen?

Eine Stunde war bereits vergangen. Es war nun schon nach 21 Uhr. Die Sonne war untergegangen und zeichnete eine wunderbare Abendstimmung an den Himmel. Ein Bild, das sie unter anderen Umständen dankbar in sich aufgenommen hätte. Doch die zunehmende Dunkelheit sorgte sie umso mehr.

Es war ein herausfordernder Auftakt dieses Aufenthaltes, dabei hatte sie einfach nur Pech gehabt: Der Familienvater war bereits am Flughafen gewesen. Ihr Flieger hatte sich jedoch verspätet und der nächste Flieger sollte erst um 22.00 Uhr landen. Also ging er wieder zu dem Fest zurück, an dem die ganze Familie teilnahm. Deshalb konnte Amaya keinen erreichen.

Dann endlich, um 22.00 Uhr, als sie – all der Bedenken zum Trotz – ein Taxi nehmen wollte, traf der Familienvater ein. Was für eine Erleichterung! Ich legte meine Hand auf ihre Schulter und lächelte. Ich war stolz auf sie, dass sie durchgehalten hatte. Es war eine Kleinigkeit, für viele andere Söhne und Töchter nicht einmal eine Herausforderung. Doch für mich sind auch die Kleinigkeiten wichtig. Ich kannte ihre Persönlichkeit und wie viel es sie gekostet hatte. Keine Bemühung ist für mich zu banal oder nichtig, ich sehe sie und würdige sie.

Die nächsten Monate in Amerika waren voller unterschiedlicher Erlebnisse: Es gab Herausforderungen wie den Moment, als Amaya zwischen den Zeilen eines Gebets bemerkte, dass man davon ausging, dass sie in zwei Minuten einen Englischunterricht für Erwachsene abhalten würde. Sie hatte noch nie in so kurzer Zeit eine Lektion vorbereitet – und dies ohne jegliche Hilfsmittel.

Es gab viele fröhliche Momente, tiefe Gemeinschaft, eklige Begegnungen mit Kakerlaken, wunderbare Ermutigungen und kostbare Lehren durch die Gastfamilie. Sie wurde reich beschenkt. Doch ein Juwel dieses Aufenthaltes war besonders kostbar. Mit irdischen Augen hätte man dies nie als Juwel betrachtet – doch bekanntlich betrachten wir Umstände nicht mit irdischen Augen (1. Samuel 16,7).

Vaterliebe

Da die Gastmutter Pastorin war, hielt Amaya sich oft in der Kirche auf. An diesem besonderen Ort schloss sie mit dem Hauswart Bekanntschaft. Er war ein zurückhaltender älterer Mann um die sechzig Jahre. Doch er hatte und hat ein grosses Herz. Für viele war er wie ein Vater. Er hatte immer Zeit, um stehenzubleiben und zuzuhören. Er verschenkte da und dort ein Lächeln. Und vor allem schenkte er viele väterliche Umarmungen. Er gab den Leuten das Gefühl, geliebt und wahrgenommen zu werden, und vermittelte mit seiner Art: «Du bist wertvoll und gesehen.» Und genau nach dem dürstete Amaya so sehr. Sie ahnte nicht, wie sehr diese besonderen Umarmungen ihr Herz heilten, Stück für Stück. Jede Umarmung war wie Balsam, wie Salbe für ihre Wunden, und es konnten so einige Wunden heilen in dieser Zeit. Der Vater machte Amayas Herz weich. Ohne dass sie sich dessen bewusst war, hatte er eine Möglichkeit gefunden, ihr Herz, das immer noch von einer dicken Schutzmauer umgeben war, zu berühren und für weitere Heilungen vorzubereiten.

Ich konnte sie in dieser Zeit oft beschenken, sah, wie sie aufblühte, wie ein Lächeln über ihr Gesicht flog, wenn sie mit jeder Umarmung erfuhr: Du bist wichtig. Du wirst gesehen.

Doch der Vater hatte noch mehr vor. Seine Pläne sind schliesslich Pläne der Hoffnung und der Zukunft (Jeremia 29,11). Der Vater beauftragte mich eines Tages, zu genau diesem Hauswart zu gehen. Er war am Sonntagabend in der spanischen Kirche, die ihre Gastmutter leitete, und sprach gerade mit Amaya, als ich auf ihn zutrat. Obwohl er meine Gegenwart sehr gut kannte, bemerkte er meine Anwesenheit nicht sofort. Ich legte ihm ein kostbares Geschenk ins Herz. Vielleicht ist es das Kostbarste, das es gibt: einen Anteil an der Liebe des Vaters für seine Söhne und Töchter. Sobald ich dies tat, fühlte er diese Vaterliebe in seinem Herzen. Da dieses Geschenk jedoch in der irdischen Welt nicht sichtbar war, konnte er das Gefühl noch nicht einordnen. Auch für Amaya blieb es noch verborgen. Der Vater schenkte ihnen ein Juwel des Himmels. Ein Geschenk, das sie beide erst viele Jahre später in seinem ganzen Ausmass verstehen würden.

Die Matheprüfung

Sei **stark** und sei mutig! Lass dir keine
Angst einjagen, lass dich nicht einschüchtern, denn Jahwe, dein Gott,
steht dir bei, wo du auch bist.

Josua 1,9

Darum gleicht jeder, der auf meine
Worte hört und tut, was ich sage, einem
klugen Mann, der sein **Haus** auf
felsigen Grund baut. Wenn dann ein
Wolkenbruch niedergeht und die
Wassermassen heranfluten, wenn der
Sturm tobt und an dem Haus rüttelt,
stürzt es nicht ein, denn es ist auf
Felsen gegründet.

Matthäus 7,24.25

Während ihres Aufenthalts in den Staaten lernte Amaya, uns immer mehr zu vertrauen. Eine besondere Möglichkeit, ihr Vertrauen zu stärken, ergab sich im Hinblick auf eine Mathe-Abschlussprüfung. Sie hatte zwei Möglichkeiten: Sie konnte diese hinter sich bringen oder sie auf das folgende, letzte Jahr ihres Studiums verschieben. Ihr graute bei dem Gedanken an eine mündliche Matheprüfung. Gerne hätte sie die Überlegungen weit von sich geschoben. Doch sie musste sich entscheiden. Bis zu diesem Zeitpunkt hatte sie die Leistungen eher knapp erbringen können. Eigentlich wollte sie dieses Fach abschliessen, um genügend Ressourcen für alle anderen Arbeiten aufbringen zu können. Doch würde ihr Wissen reichen?

Amaya entschloss sich ganz einfach, bei mir Rat zu holen. An einem Morgen während des Gottesdienstes der Bibelschule, an dem sie teilnehmen durfte, fragte sie mich, was sie tun solle. Ich führte sie zu einer Bibelstelle im Buch der Könige. David wurde zweimal in Folge von den Philistern angegriffen und fragte den Vater, was er tun solle. Eine Eigenschaft, die wir an David sehr geschätzt haben. David glaubte auch nach einem Erfolg nicht, das Rezept zu kennen und ohne Gott handeln zu können. Er besass die Demut, immer wieder um Rat zu fragen. Was für ein weiser Mann. In jener Bibelstelle zeigte ich ihr folgende Sätze:

> Greif sie an! Ich gebe sie in deine
> Gewalt! [...] Wie Wasser einen Damm
> durchbricht, hat Gott die Reihen meiner
> Feinde vor mir durchbrochen. Deshalb
> nannte man jenen Ort [...] Herr der
> **Durchbrüche** [...] Denn Gott ist vor
> dir her [...] gezogen, um das Heerlager
> der Philister zu schlagen.
>
> 1. Chronik 14,10b-11.15

Diese Sätze liess ich aus der Stelle heraustreten – ich habe sie sozusagen mit meinem himmlischen Marker hervorgehoben. Amayas Herz pochte heftig, als sie die Worte las. Nicht vor Freude, sondern vor Nervosität. Die Bedeutung war für Amaya glasklar. Sie hatte meine Aufforderung verstanden, sich anzumelden. Doch zu vertrauen bedeutet nicht immer, dass sich dabei ein wohliges Gefühl ausbreitet und ein Mensch automatisch zuversichtlich ist. Petrus ist damals nicht voll Vorfreude aus dem Boot auf die stürmenden Wellen gestiegen. Er hat einfach nicht zu lange nachgedacht. Doch auch er musste sich überwinden. Vertrauen heisst manchmal: Handeln trotz – oder inmitten der Unsicherheit.

Also meldete Amaya sich für die Prüfung an. Während ihrer Zeit in Amerika und in den wenigen Wochen zu Hause, die ihr noch zum Lernen vor der Prüfung blieben, klammerte sie sich an diese Zusage. Wenn Angst wegen der Prüfung aufkam, wiederholte sie unsere Worte. Sie sagte sie nicht zu mir, sondern sie sprach sie ihrem Herzen zu. Ich freute mich über ihrer Treue und liess die Worte Amayas Herz berühren und stärken.

Als der Tag der Prüfung kam, hatte sich Amaya, so gut sie konnte, vorbereitet. Dennoch wusste sie, dass ihr Wissen begrenzt war. Wenn wir jedoch eine Zusage machen, dann halten wir uns auch daran. Wir stehen immer zu unserem Wort. Und so fädelte der Vater eine flüchtige Begegnung ein, die Amaya die letzten Hinweise brachte, um eine der Prüfungsfragen beantworten zu können. Fünf Minuten vor dem Examen begegnete sie einer anderen Studentin, und der kurze Austausch über die mündliche Prüfung reichte, um sie an das Gelernte zu erinnern, das sie brauchen würde.

Als es Zeit war, ging ich mit ihr in den Prüfungsraum. Amaya war viel zu nervös, um mich wahrzunehmen. Ich stand hinter dem Tisch mit den Experten. Als es zu einer Frage kam, die sie nicht beantworten konnte, schenkte ich ihr eine Eingebung; sie überlegte und sprach einfach aus, was ihr in den Sinn kam. Es war lustig, ihr erstauntes Gesicht zu sehen, als sie bemerkte, dass die Antwort entgegen ihrer Erwartung korrekt war.

Sie hatte unsere Rückendeckung und konnte gleichzeitig ihre Sachkenntnisse anwenden. Ich nehme den Menschen nicht alle Verantwortung ab. Wir wollen, dass sie zu reifen Persönlichkeiten werden, die ihre Fähigkeiten nutzen. Doch wir wollten an diesem Tag, dass Amaya erfährt, dass sie sich auf unser Wort verlassen kann. Wie David, der auf die Anweisungen des Vaters hin immer wieder erlebte, dass dieser verlässlich ist; ein Helfer in jeder Lage.

Zwanzig Minuten später verliessen wir gemeinsam den Prüfungsraum. Ich wusste bereits, dass sie die Prüfung bestanden hatte. Ich schaute auf Amayas Herz und erkannte, dass es durch dieses Erlebnis gestärkt werden würde. Wir hatten einen weiteren Stein in das Fundament eingefügt. Ein Fundament, auf dem der Glaube wachsen konnte. Amaya hatte einmal mehr erlebt, dass sie uns vertrauen kann und wir zu unserem Wort stehen. Sie lernte zu fragen, Schritte ins Ungewisse zu gehen, die Verheissungen auszusprechen, um dann zu erleben, dass der Vater sie nicht im Stich lässt.

All diese kleinen Schritte waren wichtig – und sind es immer noch –, damit ein Boden gebaut wird, auf dem der Glaube wachsen kann. Ja, dies war nur eine Abschlussprüfung. Doch wenn eine grössere Herausforderung kommen würde, so wäre in ihrem Herzen ein Erlebnis gespeichert. Es würde ihr dann zurufen: Gott, Jesus und der Heilige Geist sind verlässlich. Sie stehen zu ihrem Wort und erringen Siege, die unmöglich erscheinen.

Ein Sahnehäubchen obendrauf

Gottes Geist sagte zu Philippus: «Lauf
hin und folge diesem Wagen!»

Apostelgeschichte 8,29

Denn diejenigen, die von Gottes Geist
gelenkt werden, sind Kinder Gottes.

Römer 8,14

Doch halt – nun habe ich der Geschichte schon wieder vorgegriffen. Tut mir leid. Als Person mit Weitsicht passiert mir dies ab und zu. Ich wollte doch noch erzählen, wie Amayas Sprachaufenthalt in Amerika zu Ende ging. Nach drei Monaten stand der Abschied vor der Tür und ihr himmlischer Vater hatte sich ein ganz besonderes Abschiedsgeschenk für sie ausgedacht ...

Ein paar Tage vor dem Abflug versuchte sich Amaya allmählich wieder auf die Rückreise einzustellen. Einerseits freute sie sich auf ihre Freunde zu Hause, andererseits begann sie schon die hier gewonnenen Freundschaften zu vermissen. Sie hatte sich in ihrer Gastfamilie so sehr zu Hause gefühlt, aufgenommen in diese vertraute Gemeinschaft. Es würde ihr nicht leichtfallen, in wenigen Tagen das Flugzeug zu besteigen. Wohl aus dieser Vorahnung heraus wollte sie am Vorabend ihrer Abreise nicht zu Bett gehen. Tief in die Nacht hinein diskutierte sie mit ihrer Gastmutter – bis beide gegen 3.00 Uhr todmüde ins Bett fielen.
Plötzlich schreckte sie hoch. Sie starrte auf den Wecker und konnte nicht glauben, was sie dort sah: 6.00 Uhr! In den nächsten Minuten würde ihr Flugzeug einige Kilometer von ihr entfernt in den Himmel abheben.
«Wie konnte mir das nur passieren? Ich habe doch den Wecker gestellt. Was mache ich jetzt nur?» Die Gedanken schossen ihr durch den Kopf und ich beobachtete sie, wie sie unruhig und wie ein verstörtes Huhn herumschwirrte. Ich blieb relax im Stuhl sitzen, da ich ja bereits wusste, wie das Ganze ausgehen würde. Ach, sie konnte so schnell nervös werden.

Kurze Zeit später waren auch die Gasteltern durch den Trubel geweckt und von Amaya über das Missgeschick informiert worden. Kurzentschlossen griff der Gastvater zum Telefonhörer und die ganze Aufregung legte sich nach einem Telefonat mit dem Flughafen: Der Flug konnte verschoben werden, ohne dass sie den Übersee-Flug verpassen würde. Das Ganze würde sie schlussendlich nur ein bis zwei Stunden Verspätung kosten. Sie entspannte sich und konnte erst einmal durchatmen.

Ich erhob mich vom Stuhl und rieb mir die Hände: «So, jetzt ist es Zeit für dein Abschiedsgeschenk.» Durch die spätere Abflugzeit konnte Amaya nochmals den Gottesdienst der Bibelschule besuchen, den sie so liebte. Eine gute Stunde später standen wir nebeneinander im Gottesdienst. Ich legte meinen Arm um sie, als sie dem Vater und mir für diese Monate und diesen besonderen Abschluss von Herzen dankte. Ich verweilte und genoss ihre Liebe und Dankbarkeit.

Während wir so dastanden, wurde bereits der zweite Teil des Abschiedsgeschenks vorbereitet. Ganz in der Nähe rief ich eine Frau, die Amaya ebenfalls aus der Kirche kannte. (Ich bin ja nicht an einen Ort gebunden. Ich kann bei einer Person sein und gleichzeitig bei unzähligen anderen Leuten). Mitten in ihrem Alltag stand ich hinter ihr, als sie gerade in der Küche hantierte: «Du musst zur Kirche fahren, eine junge Frau mit Öl salben und für sie beten.» Ungläubig unterbrach die Frau ihr Tun: «Was soll ich? Das kann ich nicht machen. Wen überhaupt? Und wo sollte ich diese Frau finden in der Kirche? Dort gibt es so viele Gebäude und Menschen. Ich kann nicht einfach hingehen und beten – und dazu noch salben. Das ist doch absurd.»

«Geh hin, salbe die Frau und bete für sie. Es ist die Schweizerin, welche heute nach Hause reisen wird. Du wirst sie finden. Vertrau mir.»

Sie rang noch mit sich. Sollte sie dieser Idee wirklich nachgehen? Konnte dies Gottes Idee sein? Oder waren dies nur ihre eigenen Gedanken?

Doch sie vertraute mir und beendete schlussendlich ihre Arbeit, stieg ins Auto und fuhr zur Kirche. Dies war wirklich eine unglaubliche Idee. Natürlich, wir haben viele verrückte Ideen – wunderbar verrückte Ideen.

Gerade als die Frau mit dem Auto auf den Parkplatz fuhr, kam ich mit Amaya und der Gastmutter aus der Kirche. Was für ein Timing. Die Frau stieg mit klopfendem Herzen aus dem Auto, lief direkt auf Amaya zu und erklärte: «Ich möchte für dich beten und dich salben.» Amayas Gesicht begann zu strahlen. Was hatte sich Gott nur wieder ausgedacht, um sie zu überraschen? Er nutzte ihr Verschlafen des Abflugs, beschenkte sie mit einer kostbaren Zeit in seiner Gegenwart, um sie durch dieses Gebet zu ermutigen und seine Wahrheit über sie auszusprechen. Nach allem, was ihr durch diesen Aufenthalt geschenkt wurde, war dieser Morgen das Sahnehäubchen.

Erfrischt fuhr sie zum Flughafen, wo sie sich von den lieben Freunden verabschieden konnte: Traurig, dies alles hier hinter sich zu lassen, doch voller Mut, das Kommende in Angriff zu nehmen.

Vielleicht fragst du dich, ob sie verschlafen «musste»? Nein, sie hätte früh genug aufwachen, ihr Flugzeug nehmen und beschenkt nach Hause fliegen können. Doch es war schön, diesen Umweg mit ihr zu nehmen. Es war schlicht ein Sahnehäubchen obendrauf.

Der Fall aus dem Nest

Wie der Adler sein Nest aufscheucht,
wie er über seinen Jungen schwebt,
seine Flügel unter sie breitet, sie
aufnimmt und sie auf den Schwingen
trägt, so leitet Jahwe dies Volk.

5. Mose 32,11.12a

Seid stark und mutig, fürchtet euch
nicht und erschreckt nicht vor ihnen!
Es ist Jahwe, dein Gott, der mit
dir geht. Er lässt dich nicht fallen und
verlässt dich nicht.

5. Mose 31,6

Nicht alles in Amayas Leben lief reibungslos. Wäre das Leben schön und angenehm, fändest du in unserem Buch nicht diese Ermutigungen: «Seid stark und mutig, fürchtet euch nicht ...» Sie wären ja völlig überflüssig. Der Vater sieht die Schmerzen, Ängste und Herausforderungen von jedem seiner Kinder. Wir stehen mittendrin und verlassen keinen Einzigen von ihnen. Niemals. Diesen Trost erlebte Amaya in der Zeit nach ihrem Aufenthalt in Amerika.

Während ich sie im Arm hielt, trocknete ich immer wieder ihre Tränen. Ich wünschte, ich hätte ihr den Schmerz und die Traurigkeit ersparen können. Sie konnte nicht verstehen, warum die Situation so war, wie sie war. Warum ich sie nicht änderte. Einerseits hätte ich ihr gerne alles erklärt. Andererseits wusste ich, dass sie es noch nicht begreifen konnte. Sie wäre dem Ganzen wohl auch ausgewichen und das hätte den Prozess, den der Vater für Amaya vorgesehen hatte, verhindert.
Ich blickte in die Weite, hielt Amaya immer noch im Arm und erkannte das Gesicht des Vaters, sein Lächeln und seine Augen, die Amaya spiegelten. Doch nicht die Amaya, wie sie hier weinend und fragend neben mir sass, sondern wie sie sein würde, wenn dieser Prozess durchgestanden war. Ich sah ihre jetzige Herrlichkeit und ihre kommende.

Es gab Zeiten, da brachten meine Begegnungen keine sofortige Erleichterung, wie Amaya sich das erwünschte. Die Situation blieb unklar, unverständlich. Doch ich bringe immer Frieden – auch mitten im Sturm. Und genau solch eine Sturm-Zeit war dies für Amaya. Sie fühlte sich in ihrer Gemeinde nicht mehr zu Hause. So viele Jahre war sie hier aufgewachsen und immer mehr zu einer Jüngerin von uns geworden. Wie viel hatte sie hier gelernt. Doch nun war eine Schwere auf all das gekommen. Ihr fehlte der Durchblick. Sie verstand nicht, warum diese Schwere aufgekommen war und keine Veränderung eintrat. Es war, als hätte ihr jemand das Zuhause gestohlen. Ich konnte den Schmerz und das Unverständnis sehen. Es war eine Last auf ihren Schultern, die etwas in Amayas Herzen zerbrechen liess. Sie wurde aus dem Nest der Geborgenheit herausgerissen.

Ich wusste, dass dies notwendig war. Ein Vogel kann nicht fliegen lernen, wenn er immer im Nest bleibt. Wenn der Vogel hinausfällt, fühlt es sich schrecklich an. Die Geborgenheit ist weg, der Fall ins Leere beginnt. Während man den Boden unter den Füssen verliert, verschwindet jegliche Orientierung. So fühlte Amaya sich nun schon seit einigen Monaten. Doch wie bei den Vögeln war auch sie nicht allein. Ich war bei ihr und schickte ihr zudem Leute, die sie verstanden und begleiteten. Doch der Fall blieb und mit ihm dieses unangenehme Gefühl der Haltlosigkeit.

In dieser für sie so schweren Zeit sass ich unzählige Male nachts an ihrem Bett, um sie zu trösten und ihre Tränen zu sammeln. Jene Tränen, welche ich gebrauchte, um einen wundervollen Garten des Lebens zu säen. Einen fruchtbaren Garten, in welchem Amaya, wenn sie drinstände, nur Chaos sehen würde. Doch wenn sie ihn von Weitem betrachten könnte, sähe sie plötzlich die unglaubliche Schönheit und Ordnung. Am Bettrand sitzend, sah sie nur das Chaos und die Schmerzen. Sie musste dem Vater, dem Gärtner, glauben, dass er Ordnung schaffen würde.

Auch wenn sie auf Unverständnis anderer Menschen ihr gegenüber traf, lernte sie meiner Stimme zu vertrauen. Sie folgte mir, wie ein Schaf dem Hirten, ohne zu wissen, wo sie der Weg hinführen würde. Ich liess in ihr allmählich die Entscheidung heranwachsen, die Gemeinde zu verlassen. Amaya hörte mich sehr unklar. Es ist schwer für die Menschen, mich deutlich zu verstehen, wenn der Lärm und die Unruhe im Herzen so gross sind. Nichtsdestotrotz folgte sie mir auf dieser ungewöhnlichen Wanderung.

So schade, dass sie die Schönheit dieser Augenblicke nicht erkennen konnte. Es schmerzte sie, es war herausfordernd, doch die Frucht war: ein wunderbares Vertrauen. Es brachte für sie die Möglichkeit, mich besser kennenzulernen, mich näher an sie heranzulassen.

Bis dahin hatte Amaya sich von Herzen in ihre Gemeinde investiert. Daran war auch nichts Falsches. Doch durch ihr Leistungsdenken war sie es gewohnt, ihre Bestätigung in ihrer Leistung, ihren Investitionen zu suchen und zu finden. So wertvoll ihr Engagement war, so schädlich war es auch zum Teil. Sie sehnte sich nach Bestätigung – und fand sie in ihren Leistungen. Hier wollten wir Amaya verändern, wir wollten ihre Quelle sein, wollten ihr Wertschätzung geben. Und diese würde Amaya allein in dem Tochter-Sein finden, nicht in ihrem Tun. Ihre Sehnsucht nach Liebe und Annahme konnten nur wir stillen. Indem sie ihre Identität immer mehr in uns entdeckte, konnte sie wahre Bestätigung erhalten.

Deshalb liessen wir es zu, dass sie aus dem Nest fallen konnte. Weil wir sie so sehr liebten, dass wir sie um jeden Preis auf den Weg nach Hause schicken wollten. Und die Reise zum nächsten Etappenziel startete mit einem Fall, Schmerzen und unbeantworteten Fragen.

Manche Fragen bleiben lange ungeklärt – einige sogar ein Leben lang. Dieser Fall war so eine ungeklärte Sache. Erst ein Jahrzehnt später begann Amaya gewisse Teile zu verstehen – nicht alles, aber einzelne Bruchstücke. Der Zerbruch, den dieser Fall gebracht hatte, brauchte lange, um zu heilen. Doch für den Vater ist Zeit nicht der gleiche Faktor wie für die Menschen. Alles hat seine Zeit. Ob langsam oder schnell – nur er versteht, warum etwas in genau diesem Tempo abläuft.

Ich bin froh, dass Amaya damals nicht wieder zurück ins Nest geklettert ist. Sie fiel und lernte allmählich, zu fliegen. Ich weiss, Fliegen kann sich unsicher anfühlen. Wo sind da die Grenzen? Wo die Sicherheit? Aber es kann auch toll und wunderbar sein. Die Flügel können in die Höhe führen und völlig neue Horizont erschliessen.

Einmal sass ich neben Amaya, als sie einen Film sah: «Amy und die Wildgänse». Ich liebe die Geschichte der jungen Amy, die Wildgänse heranzieht und diese nun in den Süden begleiten soll. Dazu hat ihr Vater zwei einfache Flugzeuge gebaut: eins für sich und eins für seine Tochter. So gelingt es den beiden, Seite an Seite ihre Aufgabe zu meistern. In einer Szene des Films sieht man, wie die zwei Flugzeuge nebeneinander in den Abendhimmel hineinfliegen. Genau so machte ich mich mit Amaya in den nächsten Jahren auf den Weg. Seite an Seite wollte ich durch verschiedene Abenteuer mit ihr fliegen.

So machen wir es mit jedem der Kinder des grossen Vaters. Seite an Seite.

Die Mauer stürzt zusammen

Dann werdet ihr die Wahrheit
erkennen und die Wahrheit wird
euch frei machen.

Johannes 8,32

«Nicht durch Heeresmacht und menschliche Gewalt wird es geschehen, sondern durch meinen Geist», spricht
Jahwe, der allmächtige Gott.

Sacharja 4,6b

In den Jahren, in denen Amaya und ich gemeinsam durch den Alltag flogen, Seite an Seite, begann der Vater einen weiteren Meilenstein vorzubereiten, um sie tiefer in die Tochterschaft zu führen. Inzwischen hatte sie geheiratet und war Mutter zweier Mädchen geworden. Wir hatten sie und ihren Mann zurück in eine Gemeinde geführt.

Kurz nachdem die beiden 2008 ihre erste Tochter bekommen hatten, reiste ihr Mann nach Wales, um an einer Männer-Retraite teilzunehmen. Er kehrte befreit zurück. Die Erinnerung daran, wie er damals zur Tür hereinkam, sind Amaya bis heute im Gedächtnis geblieben: Sie hatte auf dem Balkon gesessen und sofort, als er die Wohnung betrat, gespürt, dass er verändert war. Seine Veränderung brachte in ihren beiden Leben Erneuerung. Wir freuten uns so sehr über diese neue Freiheit und Lebendigkeit. Nicht umsonst steht in unserem Wort, dass Jesus zur Freiheit befreit und dass unsere Wahrheit immer frei macht (Galater 5,1 und Johannes 8,32). Sie ist nicht dazu gedacht, zu erdrücken, einzuengen oder eine Last auf die Schultern oder das Herz zu legen. Wir kommen, um Freiheit und ein Leben im Überfluss zu geben (Johannes 10,10).

Nun war es an der Zeit, dass auch Amayas Herz freier werden durfte. Es begann damit, dass ihr Mann und sie eine dreimonatige Reise planten. Sie wollten in Amerika Freunde besuchen und dann zweieinhalb Monate in Costa Rica bei ihrer Schwester verbringen.

Zufällig entdeckte ihr Mann, dass während ihres Aufenthaltes in Amerika ein Frauen-wochenende desselben Dienstes stattfinden sollte. Amaya war begeistert, als ihr Mann ihr den Vorschlag machte, an diesem Wochenende teilzunehmen. In Gedanken an all die positiven Einflüsse der Männer-Retraite stand für sie fest, dass sie sich diese Gelegenheit nicht entgehen lassen wollte.

Ich sass neben ihr, als sie die Reise sorgfältig vorbereiteten, damit dieses Wochenende Platz hatte. Erst schien alles reibungslos zu klappen: Die Flüge waren gebucht und die Schwester informiert. Bis eines Tages das Unerwartete eintraf. Für mich war dies keine Überraschung, ich wusste ja bereits, dass der Vater sie herausfordern wollte. Nicht um sie zu testen, sondern um ihr Herz und ihre Wünsche hervorzulocken. Er wollte, dass Amaya ihre Sehnsucht erkannte.

Sie wollte gerade auf der Homepage nachprüfen, wann nun die Anmeldung für dieses Wochenende starten würde, als sie las, dass man das Wochenende um zwei Monate verschieben würde. Sie konnte es kaum fassen. Es war ihr unmöglich, zwei Monate später teilzunehmen. Enttäuschung und Wut machten sich in ihr breit. Und ein von ihr eher unterdrücktes «Warum?». Eine Frage, die ich und der Vater so oft hören. Wir be-antworten sie nicht immer, aber nehmen sie immer ernst.

Kurze Zeit später war sie draussen und stampfte mit Musik in den Ohren los. Ich war froh, dass sie sich dazu entschlossen hatte, loszugehen. Nun suchte sie mich, um mir ihr Herz auszuschütten. Ich war dankbar, denn sie hatte Vertrauen gefasst und gelernt, mit allem, was sie beschäftigte, zu mir zu kommen. Jedenfalls mit allem, was ihr bis dahin zugänglich war; mit jedem Gefühl, das sie sich erlaubte, zu empfinden. Anfangs lief ich einfach neben ihr her. Ich spürte, dass Amaya erst Mal alles loswerden musste, was in ihr brodelte. «Warum darf ich nicht gehen? Warum klappt es bei meinem Mann, aber bei mir wieder nicht? Ich habe mich so gefreut, und nun kann ich es doch nicht erleben. Das ist so unfair! Wie kannst du das zulassen?» Neben ihr herlaufend, legte ich nach einiger Zeit meinen Arm um ihre Schultern. Langsam spürte sie meinen Frie-den, obwohl ich noch gar nichts zur Situation gesagt hatte. Ich rief einen Schwan her-bei, der ihr eine Zeitlang am Ufer des Flusses, an dem sie entlanglief, folgte. Leise sprach ich ihrer Seele Mut zu, mir zu vertrauen. Sie konnte keine deutlichen Worte verstehen, doch sie spürte die Kraft und die Ruhe in sich und fasste den Entschluss, mir zu vertrauen. Was mich besonders freute, war ihre zögerliche Bitte: «Ermögliche mir die Teilnahme irgendwie doch noch.» Darauf hatte ich gewartet: Dass sie sich ihre Wünsche und Bedürfnisse zugestand und dafür eintrat. Ich wünschte mir, dass Amaya einmal nicht nur für andere kämpfte, sondern für ihre Anliegen und Wünsche aufstand; in der Hoffnung, dass ihre Wünsche auch für uns von Bedeutung wären. Ich hätte sie am liebsten umarmt und in der Luft herumgewirbelt vor Freude.

Es dauerte nicht lange, bis wir ihren Wunsch erfüllten: Nach kurzer Zeit schon war das Wochenende wieder wie geplant ausgeschrieben. Tatsächlich hatten alle Frauen, die sie später an diesem Wochenende traf, nichts von dieser Terminänderung mitbekommen. Ihr himmlischer Vater hatte sich ihrer Wünsche angenommen und alle Hindernisse beiseitegeschafft.

Kostbare Freiheit

Einige Monate später war es dann so weit. Gemeinsam mit ihrem Mann und den zwei Kindern sass sie im Auto, um den etwas abgelegenen Ort der Retraite zu erreichen. Nebst dem kribbeligen Gefühl der Aufregung im Magen barg die Reise eine weitere Herausforderung: ein erbrechendes Kind. Das plötzliche Unwohlsein ihrer jüngeren Tochter besorgte sie. «Wird mein Mann das alles meistern können? Ist es okay, unsere zwei kleinen Kinder und meinen Mann in einem fremden Land einfach alleine zu lassen? War es eine falsche Entscheidung gewesen, sich anzumelden?»
So oft, wenn sich die Kinder des Vaters aufmachen, unserem Ruf zu folgen, melden sich Schwierigkeiten. Schwierigkeiten, die kleine Gedanken und Zweifel beinhalten und sich bis auf unglaubliche, beinahe surreale Vorfälle ausweiten können. Der Feind zeigt sich in diesem Bereich zuweilen sehr ideenreich. Er versuchte Jesus aufzuhalten und durcheinanderzubringen, damals, in der Wüste (Matthäus 4,1-11), und er wird es auch bei den Freundinnen und Freunden von Jesus immer wieder versuchen.

Tief in ihr drin wusste sie, dass es keine falsche Entscheidung gewesen sein konnte. Sie hatte ja selbst erlebt, wie der Vater den Termin des Wochenendes zu ihren Gunsten verschoben hatte. Und genau diese Tatsache gab ihr nun Halt. So beteten ihr Mann und sie gemeinsam und wenig später verabschiedete Amaya sich von ihren Lieben. Nun stand sie da, an einem wunderschönen Ort in einer atemberaubenden Umgebung. «Allein», dachte sie. Doch ich war neben ihr, ein strahlendes Lächeln auf meinem Gesicht, weil sie es geschafft hatte, hierherzukommen.

Der Vater, Jesus und ich, wir sind so stolz auf seine Kinder und wir werden sie für ihr Leben belohnen (Hebräer 11,6). Manchmal kostet es sie etwas, sein Geschenk abzuholen, einen Sieg in ihrem Leben zu erringen. Die Aufforderung in der Bibel, die müden Hände zu stärken, mutig zu sein, sich nicht aufhalten zu lassen, sie sind nicht umsonst geschrieben (Hebräer 12,12). Es werden immer wieder Situationen an jeden herangetragen werden, die einschüchternd sind und die es zu überwinden gilt. Doch was Gott für jeden Einzelnen bereithält, wird jeder noch so grossen Mühe wert sein. Jesus wusste dies und liess sich auf dieses Leben auf der Erde ein. Er liess sich auf all die Schmerzen ein, auf das Getrenntsein von Gott und auf das Kreuz. Denn er wusste, dass ihn Freude und ein sehr grosser Lohn erwarten würden (Hebräer 12,2 Hfa).

Ich wünsche mir für jedes einzelne von Vaters Kindern, dass sie auf die Freude und den Lohn schauen, der sie erwartet, und dass sie Herausforderungen anpacken – kleine und grosse. Dabei sind die kleinen nicht weniger wert als die grossen. Ich verspreche, dass jeder, der sich darauf einlässt, stärker und beschenkt aus diesen Situationen herausgehen wird (Jakobus 1,2-4). Niemand muss da alleine durch – du nicht, Amaya nicht, und deswegen kann jeder diese Herausforderungen bestehen. Wir geben jedem Einzelnen Kraft und stehen ihm immer zur Seite (Philipper 4,13).

An diesen Ort in Amerika zu kommen, hatte Amaya etwas gekostet – finanziell, aber vor allem auch seelisch: Mut. Und es folgten noch weitere kleine Herausforderungen: Sie war eher introvertiert und die Aussicht, am ersten Abend den mit 200 Frauen ge-füllten Essensraum zu betreten, niemanden zu kennen und Konversation in einer Fremdsprache zu führen, erfüllte sie nicht gerade mit freudigen Gefühlen. Ich liess sie nicht im Stich und führte sie bereits in der Warteschlange mit einer sympathischen Person zusammen. Später auf dem Zimmer traf sie sogar eine Schweizerin. Mit ihr konnte sie sich zwischendurch in ihrer Muttersprache unterhalten. Amaya empfand es als unglaubliches Geschenk, einfach auszusprechen, was auf ihrem Herzen war, ohne nach Worten suchen zu müssen.

Sie hoffte, dass sich ihr Leben ebenso verändern würde, wie das ihres Mannes. Es waren bereits zwei Tage vergangen. Die Inputs waren interessant und berührten sie, und dennoch merkte Amaya, dass noch kein Durchbruch geschehen war. Sie spürte seit langem, dass sie «eine Mauer um ihr Herz» hatte, wie sie es immer nannte, wenn sie versuchte, das Gefühl jemandem zu beschreiben. Sie ahnte nicht, wie recht sie mit dieser Beschreibung hatte.

Als Kind hatte sie, geprägt durch das Leben, eine Schutzmauer um ihr Herz gezogen. In ihren Kindheitsjahren war dies ein guter Schutz gewesen, doch nun hielt diese Bar-rikade sie davon ab, einen Zugang zu ihrem Herzen zu erhalten. Oft wusste sie nicht, was sie eigentlich wollte, was ihre tiefsten Wünsche waren. Es kam ihr vor, als hätte sie einen beschränkten Zugang zu ihrem Herzen, während der Rest verborgen, ja ver-schlossen blieb. Sie hatte sich schon öfters gefragt, wie diese Mauer wegzukriegen sei, doch war es ihr nie gelungen. Dies hat seinen guten Grund. Solche Mauern können – wie die Mauern in Jericho bei der Geschichte von Josua – nur fallen, wenn wir ans Werk gehen (Josua 6). Wir können die dicksten Mauern zum Einsturz bringen. Amaya wusste nicht, dass der Vater bereits begonnen hatte, den Mauerfall in ihrem Herzen vorzubereiten.

Ich will dir erzählen, wie es sich ereignete:

Am Ende eines Inputs betete die Sprecherin. Sie bat den Vater darum, dass er die Frauen die Lügen und Aussagen erkennen lasse, welche sie über sich und ihrem Leben festgelegt hatten. Sie bat um Mut für diese Frauen, damit sie diese Lügen ablegen und als ungültig erklären können. Als Amaya das Gebet mitsprach, stand ich vor ihr und ein Siegesschrei kam aus meinem Mund gemischt mit einem grossen Freudenruf. In dem Moment, als sie sich von den Festlegungen, die ich ihr über ihrem Leben aufgezeigt hatte, löste, begann die Mauer zu beben. Die Steine lösten sich und fielen zu Boden. Ich merkte, wie Amaya erstaunt die Augen öffnete. Was ich mit meinen Augen sah, geschah im geistlichen Bereich; doch sie konnte es fühlen. Sie merkte, wie ihr Herz plötzlich frei war. Die Mauer war tatsächlich gefallen. Sie konnte es kaum fassen. Durch das Aussprechen eines einfachen Gebets konnte ich wirken und sie freisetzen. Es brauchte keine grosse Anstrengung ihrerseits – nur einfache Worte und ein Herz, das uns suchte. Was für ein Fest, wenn Herzen frei werden. Dies ist unser Auftrag, dazu ist Jesus gekommen: Den Elenden gute Botschaft zu bringen und zerbrochene Herzen zu verbinden; den Gefangen zu verkünden: «Ihr seid frei!» und den Gefesselten: «Ihr seid los!» (Jesaja 61,1).

Ich nahm Amaya fest in meine Arme. Uns beiden liefen die Tränen über das Gesicht und sie konnte ihr Glück kaum fassen. Endlich spürte sie, dass ein Zugang zum bisher in ihr Verborgenen frei wurde. Sie wusste noch nicht um deren Auswirkungen, doch die Mauer war zusammengefallen. Innerlich sah sie das Bild einer Ruine vor sich, die nun endlich die Sicht auf ihr Herz freigab. Ich spürte ihre Liebe und ihre Dankbarkeit mir gegenüber, dass sie diese Freiheit, nach der sie sich gesehnt hatte, erleben durfte.

Einen Tag später lehnte ich gemütlich an einer Hauswand. Ich sah diese vielen Frauen, wie sie befreiter und verändert zu den Autos liefen, um gestärkt nach Hause zu fahren. Wir hatten einmal mehr um die wertvollen Herzen seiner Kinder gekämpft. Seit Anbeginn der Welt ist es unser grösster Wunsch, unser tiefster Schrei, seine Kinder freizusetzen und ihnen unsere Liebe zu schenken. Durch die ganze Geschichte hindurch haben wir uns unermüdlich für sie eingesetzt und alles dafür gegeben, ihnen zu begegnen; sie wieder in ihre wahre Identität als Töchter und Söhne Gottes zu bringen. So haben wir auch an diesem Wochenende unser Herz verschenkt, durch unsere Kraft wahres Leben geschenkt und Heilung und Befreiung gewirkt.

Eine tiefe Dankbarkeit erfüllte mich, als ich sah, wie Amaya als eine dieser vielen Frauen ihren Reisekoffer nahm und ihrer Familie entgegenlief. Ich liebte es, ihr Gesicht dabei anzuschauen. Denn aus ihren Augen strahlte eine neue Freiheit heraus. Ich sah das Aufblitzen ihrer wahren Identität.

Einladung in die grosse Geschichte des Vaters

In Jesus Christus sind wir Gottes
Meisterstück. Er hat uns geschaffen,
dass wir gute Werke tun, gute Taten,
die er für uns vorbereitet hat, dass wir
sie in seinem Namen tun.

Epheser 2,10

Denn Gott bewirkt den **Wunsch** in
euch, ihm zu gehorchen, und gibt euch
auch die Kraft, zu tun, was ihm gefällt.

Philipper 2,13

Manchmal sind es die unscheinbaren Augenblicke, die wie ein Tropfen in das Herz der Söhne und Töchter fallen und Wellen bewirken, die etwas zu bewegen vermögen, was sie nie geahnt hätten.

Als ich an dieser Hauswand lehnte und Amayas Identität aufblitzen sah, standen Jesus und der Vater neben mir. Das Gesicht des Vaters liess darauf schliessen, dass seine Gedankenmühle rotierte. Ich spürte seine mächtige Schöpfungskraft und Kreativität. Er schmiedete bereits wieder neue Pläne – er sah schon weit in die Zukunft. Sein Horizont ist so viel grösser als der seiner Kinder; vergleichbar mit einem Ausblick vom höchsten Berg der Welt: ein 360-Grad-Panorama an Handlungspotenzial.

Das Frauenwochenende war für ihn erst der Beginn. Er hatte Amaya Freiheit geschenkt und so viel mehr an Lebendigkeit. Es beeinflusste ihre Ehe und ihre Kinder: Dies war ihre Geschichte. Doch sie sollte Teil seiner grossen Geschichte werden; eines Plans, der zu umfassend war und ist, als dass ein Mensch allein ihn ausfüllen könnte. Doch er will die Menschen daran teilhaben lassen, sie in dieses Abenteuer einladen. Auch auf Amaya sollte so ein Abenteuer warten.

Während sich Amaya noch auf dem Flug nach Hause befand, war ich bereits anderweitig beschäftigt. Ich bereitete ein Werk vor, das ihr Leben tangieren und verändern würde.

Der Vater beauftragte mich als Erstes, einen Mann aufzusuchen. Er war Teil einer Männerarbeit, die Männerwochenenden nach dem Vorbild aus Amerika durchführte. Ein Glas Wasser in der Hand, genoss er die Nachmittagssonne im Garten, als ich mich neben ihn setzte. Ich nahm ihn in Gedanken mit zu einigen Erlebnissen der Männerwochenenden. Ein Film lief vor seinem inneren Auge ab: Auf einer Theaterbühne erschienen im Rampenlicht freigesetzte Männer, Freunde, die ihren Platz einnahmen, erneuerte Ehen und Familien. Da liess ich seinen inneren Blick auf eine Frau im Hintergrund fallen. Die Arbeit, in die er involviert war, galt den Männern. Doch waren dahinter nicht unzählige Frauen, die ihre Männer in diese Wochenenden ziehen liessen? Frauen, die den Männern den Rücken freihielten?

Ich berührte sein Herz und er spürte unsere Sehnsucht, diesen Frauen zu dienen. «Jemand muss etwas für diese Frauen tun!», sprach er halblaut aus. «Nicht jemand, sondern du! Ich will, dass du etwas tust», antwortete ich. Zuerst schien ihm dieser Gedanke etwas fremd. Er war doch für die Männerarbeit zuständig. Wäre nicht eine Frau besser geeignet? Ich sprach nicht mehr weiter. Ich hatte diese Sehnsucht mit ihm geteilt und sie fiel auf fruchtbaren Boden – wenn auch das Heranreifen noch seine Zeit brauchte.

An jenem Abend erzählte er seiner Frau von diesen seltsamen Gedanken. Sie war augenblicklich begeistert von dieser Idee, teilte sie doch die Sehnsucht mit dem Vater, den Frauen ihre Würde aufzuzeigen, ihnen Wert und Wichtigkeit zuzusprechen. Lediglich der Gedanke, selbst vorne zu stehen und die Botschaft weiterzuvermitteln, brauchte längere Überzeugungsarbeit – meinerseits und von der Seite ihres Mannes. Sie hatte nicht geahnt, wie talentiert sie war, die Botschaft des Vaters mit Lebendigkeit und Freude weiterzugeben. Wir hatten ihr einen wertvollen Schlüssel geschenkt, Herzen durch Leichtigkeit, Liebe und Humor zu öffnen. Diesen durfte sie nun entdecken. Zufrieden beobachtete ich einige Zeit später, wie sich die beiden an die Vorbereitungen für ein Frauenwochenende machten.

Jener Teil des Plans war in Gang gesetzt. Nun galt es, auch Amaya mit ins Boot zu holen. Zurück von ihrem Aufenthalt teilte sie mit Freunden und Verwandten ihre Erfahrungen aus diesem Frauenwochenende. Immer wieder waren Stimmen zu hören: «So ein Wochenende sollte es auch hier geben, in der Schweiz.» Eine der beständigen Ruferinnen war ihre Schwägerin. Auch Amaya befürwortete diesen Wunsch, da sie diese Meinung teilte: «Ja, jemand sollte solch ein Wochenende durchführen. Nur wer?» Genau in diese Rufe begann ich hineinzuflüstern: «Mach dich auf. Suche nicht nach anderen, die es beginnen. Werde Teil davon!» Zu Beginn hörte sie meine Ermutigung nicht, sei es, dass es ausserhalb ihrer Vorstellung lag, oder, weil die Angst sie davor zurückschrecken liess. Doch die Rufe der Schwägerin gemischt mit meinem Flüstern arbeiteten in ihrem Herzen.

Der erste Schritt ins Abenteuer

Eines Tages war Amaya unterwegs mit ihrem Mann in ein gemeinsames Wochenende ohne Kinder. Während der Fahrt verriet sie ihm, dass sie sich überlegt hatte, wenigstens mit ein paar Frauen aus ihrem Umfeld so eine Art Frauenwochenende durchzuführen. Sie wollte im Kleinen weitergeben, was sie erlebt hatte. Während dieses Gesprächs im Auto hielt sie ein Buch in den Händen, das sie gerade las. Es handelte sich um ein Andachtsbuch[3] von dem Dienst ransomed heart, deren Frauenwochenende sie besucht hatte. Natürlich lag dieses Buch nicht aus Zufall in ihrem Schoss. Ich hatte es sozusagen in ihr Leben «geschmuggelt», weil ich wusste, dass sie gewisse Botschaften aus dem Buch unbedingt hören musste, um sie mit den nachfolgenden Diskussionen zu verbinden. Ich bereitete sie durch dieses Buch vor – in verdeckter Mission sozusagen. Nachdem ihr Mann einige Fragen zur Idee gestellt hatte, kam ein Thema in diesem Buch zur Sprache: Die eigene kleine Geschichte verlassen, um in Gottes grosse Geschichte einzutauchen und mit ihm vorwärtszugehen.

Der Vater liebt es, seinen Kindern seine Einladungen für Lebensentscheide direkt in die Hände zu geben. In Amayas Fall überreichte er ihr die Einladung mit diesem Buch. Im Gespräch mit ihrem Mann erkannte sie unsere Aufforderung, nicht nur ihr kleines Frauenwochenende zu planen. Ich sass auf dem Rücksitz und ermutigte sie während ihres Austauschs mit ihrem Mann, sich auf Gottes Abenteuer einzulassen. «Warum nicht ein grosses Frauenwochenende organisieren? Warum nicht so etwas wie in Amerika auch hier durchführen – für viele Frauen?» Als sich diese Frage langsam herauskristallisierte, geschahen zwei Dinge. Sie empfand eine vorfreudige Erwartung und sie hatte Angst – besser gesagt: Panik! Ich würde sagen, wenn jemand so empfindet, kann es gut sein, dass er auf einen Wegweiser Gottes gestossen ist.

Amaya hatte das Gefühl, dass diese Schuhe einige Nummern zu gross sein würden für sie. Wie sollte sie jemals so etwas beginnen können? Sie war doch nur eine Person. Und sie hatte keine Ahnung davon, wie man so ein Wochenende planen könnte. Ich erinnerte sie an das Buch in ihren Händen: «Tauche in Gottes grosse Geschichte ein. Lege deine kleine Geschichte in seine Hände.»

Amaya hatte in der Vergangenheit meine Führung, meine Versorgung, meine Hilfe, mein Reden, meine Befreiung erlebt. Dies bestärkte sie, mir einmal mehr zu vertrauen und sich auf das Abenteuer einzulassen. Sie wusste nicht, wie das alles möglich sein sollte. Doch der Vater gibt neben dem Wunsch auch immer die Kraft, diesen auszuführen. Amaya fühlte sich zwar überfordert, gleichzeitig spürte sie aber auch mein Ziehen. Am Ende dieses Wochenendes war es so weit: Sie folgte mir auf dem Weg.

3 J. Eldredge, Knowing the Heart of God. A Year of Devotional Readings
to Help You Abide in Him, Thomas Nelson Inc., Nashville, 2009.

Zu Hause überbrachte ich ihr dann die erste Idee: «Schreib den Männern, die bereits solche Männerwochenenden in der Schweiz durchführen.» Sie wusste, wen ich meinte, da ihr Mann diesen Verein[4] kannte. Ohne einen weiteren Plan zu haben, war sie in diesem ersten Schritt gehorsam. Sie suchte die Internetseite und schrieb eine Nachricht. Sie hoffte, dass die Frauen dieser Männer ihre Idee eines Frauenwochenendes teilten – falls diese Männer überhaupt verheiratet waren – denn darüber hatte sie keinerlei Kenntnis.

Kurze Zeit später erreichte Amaya die wunderbare Nachricht, dass einer der Männer bereits dabei war, sich etwas zu überlegen. Er schrieb, er würde sich melden, wenn er aus dem Urlaub zurückkomme. Sie konnte ja nicht wissen, dass ich nicht nur in ihr Herz einen Samen für dieses Frauenwochenende gelegt hatte, sondern bereits in andere Herzen. Doch wenn der Vater seine Sehnsüchte teilt, dann plant und organisiert er weit über die Möglichkeiten der Menschen hinaus. Er spinnt Fäden, die nur er zusammenführen kann. So verknüpfte er Amayas Leben mit dem Leben jenes Ehepaars. Nachdem sie im Schreiben der E-Mail den ersten Schritt gegangen war, öffnete sich bereits die nächste Tür: Nach dem Urlaub meldete sich das Ehepaar und lud Amaya zu dem verkürzten Frauenwochenende ein, das sie geplant hatten.

Zu Beginn konnte Amaya kaum fassen, dass tatsächlich die Möglichkeit bestand, Frauen zu finden, die das gleiche Ziel hatten – und im Durchführen eines Wochenendes bereits Erfahrungen zu haben schienen. Voller Vorfreude reiste sie mit einigen Freundinnen zu einem Ort am anderen Ende der Schweiz. Würde sich dort eine Tür öffnen? Würde sie tatsächlich Teil der grossen Geschichte Gottes werden?
Die Antworten auf solche Fragen finden die Kinder des Vaters meist erst, wenn sie beginnen zu laufen. Der Vater will die Geschichte mit ihnen zusammen schreiben. Er hat einen guten, vollkommenen Plan. Aber er ist auch ein Vater, der seine Kinder bevollmächtigen will. Er will, dass die Menschen handlungsfähig sind, Verantwortung übernehmen können, neben ihm herschreiten. Deshalb wird er meist nicht vorangehen, um bereits alles zu klären. Er wird jeden Einzelnen einladen, ihm aufs Wasser zu folgen und im Gehen zu erleben, dass er zu ihm hält, er wird keinen fallen lassen. Und gleichzeitig wird er jedem auch die Freiheit geben, mitzubestimmen, in Autorität zu wachsen und zu erfahren, dass er ihm diese Schritte zutraut.

---

4 Es handelt sich um den Verein freeatheart: www.freeatheart.net.

In vorbereiteten Wegen laufen

Amaya war sehr nervös, als sie den Raum betrat. Sie mochte diese Momente nicht sonderlich, in einer Menge von unbekannten Leuten zu stehen. Doch hier war ihre Unsicherheit mit der Vorfreude gemischt, dass etwas Neues beginnen könnte. Sie war dankbar für ihre Freundinnen, die sich mit ihr auf den Weg gemacht hatten. Nebst der Tatsache, dass sie sonst niemanden kannte, bemerkte sie, dass sie eher zu den jüngeren Frauen gehörte. Von diesem Gedanken wollte sie sich jedoch nicht, wie sonst so oft, einschüchtern lassen.

Anfangs ergab sich kein Gespräch und so genoss Amaya erst einmal das Wochenende. Was ich an ihr liebe, ist ihre Bereitschaft, sich auf mich einzulassen. Und obwohl sie bereits eine sehr ähnliche Retraite in Amerika erlebt hatte, öffnete sie sich für mein Reden. Wenn sich jemand mir zuwendet, werde ich ihn niemals enttäuschen – auch wenn es manchmal seine Zeit dauert, bis meine Worte gehört werden. So liess ich mir die Zweisamkeit mit Amaya nicht nehmen.

Bevor sie ihr Anliegen mit dem Ehepaar besprechen konnte, begegnete Amaya während des Essens einer Frau, die in einem ähnlichen Alter war wie sie. Ich hatte das offene Herz dieser Frau schon viel früher gesehen und liebte die Abenteuerlust in ihr. Uns war klar, dass auch sie Teil dieser grossen Geschichte sein wird. Doch dazu musste erst Mal ein weiterer Stein ins Rollen gebracht werden.

Während einer gemeinsamen Auszeit mit mir verspürte Amaya meinen sanften Stoss mit dem Ellenbogen: «Wir haben genug besprochen. Nun ist es an dir, das Gespräch mit dem Ehepaar zu suchen. Mache dich auf, geh zu ihnen hinüber!»
Sie zögerte. Wie sollte sie das Gespräch beginnen? Was würden diese Leute zu ihrem Anliegen sagen? Was würde daraus entstehen? Ich stiess sie noch einmal an, damit sie endlich ging. Sie zögerte noch kurz, doch dann liefen wir gemeinsam hinüber. Hätte sie durch meine Augen sehen können, hätte sie bemerkt, dass das Werk eigentlich schon lange vorbereitet war. Amaya brauchte nur noch ein Teil werden. Der Vater hatte alle Herzen bereits vorbereitet. Ohne dies zu wissen und zu erkennen, machte sie sich mutig auf den Weg: «Hallo, ich bin Amaya. Ich habe euch eine E-Mail geschrieben ...»
Ein Gespräch und mehrere E-Mails später lag ein erstes Resultat vor: ein Treffen mit

sieben Frauen. Was für eine Stimmung an dieser ersten Sitzung: Freude, Unsicherheit und Spannung lagen in der Luft. Die Frauen spürten, was im Unsichtbaren vor sich ging; neues Leben war am Entstehen – etwas wurde geboren.

Dies ist die Atmosphäre, wenn der Vater etwas Neues vorbereitet und seine Kinder in diese grossartige Geschichte einlädt. Er liess diese Frauen an seinem Schaffen, seiner Idee, teilhaben und mitgestalten. Er war mit ihnen unterwegs – an ihrer Seite in einem einzigartigen Abenteuer.

Dreh dich um zu mir

Der Geist von Jahwe ruht auf mir, denn
Jahwe hat mich **gesalbt**. Er hat
mich gesandt, den Elenden gute
Botschaft zu bringen und zerbrochene
Herzen zu verbinden; den Gefangenen
zu verkünden: «Ihr seid frei!» und den
Gefesselten: «Ihr seid los!»

Jesaja 61,1

Ich will dich für immer gewinnen, ich
verlobe dich mir in Gerechtigkeit
und Recht. Ich schenke dir **Gnade**
und Erbarmen.

Hosea 2,21

Was für ein überwältigendes Wochenende. Sieg um Sieg hatten sie errungen; hatten
alle überrascht mit ihren Leistungen, um dann sonntags endlich auf dem Podest in der
Turnhalle zu stehen. Als Zweitplatzierte zwar, aber überglücklich. Bis zu dem Moment,
als Amaya ins Publikum blickend etwas realisierte.

Dieser Blick ins Publikum, dieses ganze Wochenende war schon so lange her. Damals
war Amaya erst siebzehn Jahre alt gewesen. Längst hatte sie die Geschichte hinter sich
gelassen. Doch nun war es an der Zeit, diesen Moment noch einmal hervorzuholen.
Oder vielleicht sollte ich besser sagen, es war an der Zeit, mit ihr an diesen Ort zurück-
zukehren. Amaya war sich nicht bewusst, was für ein Riss dieser flüchtige Blick in ihrem Herzen ausgelöst hatte. Diesen Bruch wollte der Vater nun heilen. Wie bei dieser
wundervollen Kunst «Kintsugi», einer traditionellen japanischen Reparaturmethode,
durch welche zerbrochenes Porzellan wiederhergestellt wird. Dabei wird die Stelle
nicht nur zusammengeleimt. Der Künstler flickt die Bruchstelle mit Gold vermischtem
Leim, um so die Bruchstelle hervorzuheben. Dadurch wird das Gefäss gerade wegen

der Bruchstelle einzigartig und um vieles wertvoller. So macht es auch der Vater. Behutsam und geduldig heilt er Wunden. Durch diesen Prozess der Heilung wird jede Tochter und jeder Sohn noch viel schöner. Ihre Geschichten werden kostbarer und einzigartig. Die einzelnen Narben mögen noch zu sehen sein im Leben, doch sie sind vergoldet und wunderschön.

Endlich genug

Die sieben Frauen hatten die Frauenwochenenden[5] bereits zweimal durchgeführt und nun stand das dritte vor der Tür. Amaya, inzwischen 34 Jahre alt, beschäftigte sich gerade mit einem Input, den sie an jener Retraite halten sollte. Ich liess mich neben ihr auf dem Sofa nieder. Sanft nahm ich ihre Hand und liess sie in ihrem Innern ein Bild erkennen: Sie sah die Turnhalle und sich selbst, siebzehnjährig, mitten im Spiel. Neugierig liess sie sich auf die Geschichte ein, die ihr so bekannt war. «Wo wird mich dieses Bild hinführen?», fragte sie sich. «Was willst du mir offenbaren, Heiliger Geist? Ich will es mir von dir zeigen lassen, obwohl ich die Geschichte ja nur zu gut kenne.» So wurde das Bild zu einem Film. Sie hörte die Rufe, sie sah die Bemühungen im Spiel. Allmählich kam der Moment der Siegerehrung näher. Dann zeigte ich ihr, wie sie auf dem Podest stand und glücklich ihren Blick zu den Zuschauern wandern liess. Sie erkannte einige Eltern der Mitspielerinnen wieder, doch ihre Eltern, ihre Familienangehörigen waren in der Menge nicht auszumachen. Niemand war gekommen ... Langsam kam der Schmerz in ihr hoch. Sie spürte die Enttäuschung und einige Tränen rannen über ihr Gesicht, obwohl dieses Ereignis schon so lange her war. Hätten ihre Eltern gewusst, wie wichtig ihr dieser Moment gewesen war, wären sie bestimmt gekommen, um sie zu unterstützen. Denn sie liebten ihre Tochter. Doch sie konnten nicht wissen, wie Amaya dieses Erlebnis interpretieren würde.

Es war nur ein kurzer Moment gewesen, scheinbar unwichtig. Doch dem liebenden Vater entgeht nichts, keine noch so winzige Kleinigkeit. Wenn etwas in dem Herzen eines seiner Kinder kaputtgeht, dann sieht er es und will es heilen. Vom ersten Moment an wollte er in diesen Teil von Amayas Geschichte hineinreden. Doch es brauchte Zeit, damit die Heilung wirklich stattfinden konnte. Sie musste ihm die Wunde hinhalten können. Mit ihren siebzehn Jahren war sie noch nicht so weit gewesen. Doch nun war sie bereit. Ich drängte sie sanft: «Was hast du dir damals gesagt? Welcher Lüge hast du seit diesem Moment geglaubt? Hör in dich hinein, Amaya. Die Lüge ist noch immer in deinem Herzen. Und sie hält dich gefangen, begrenzt dich immer wie-

5 Frauenwochenenden vom Verein einzigartig: www.dubisteinzigartig.ch

der. Doch du bist nicht dazu geschaffen, von Lügen in Grenzen gehalten zu werden. Du bist zur Freiheit berufen und meine Freiheit soll dich heute frei machen. Was hörst du?»

Sie musste nicht lange überlegen. Sie kannte den Satz sehr gut. Er war fest in ihr verwurzelt: «Egal, was ich tue, es wird nie genug sein. Ich werde nie genügen!»

In dem Moment, als Amaya es aussprach, merkte sie, wie sehr sie immer wieder unter dieser Lüge gelitten hatte – bis zu diesem Tag. Die Aussage schien wie ein Schatten über ihrem Leben zu liegen. Immer wieder war dieses Gefühl, diese Festlegung aus ihrem Herzen hinaufgestiegen. «Es tut mir leid, dass ich dieser Lüge immer wieder geglaubt habe! Ich habe mich selber eingeschränkt. Doch die Lüge scheint meinem Herzen so real zu sein. Es scheint, als wäre es die Wahrheit. Hilf mir, Heiliger Geist. Zeig mir, wo du warst – in dem Moment auf der Bühne.»
Sie sah wieder ganz deutlich das Podest vor sich. Immer noch stand die Zuschauermenge ihr und ihrer Mannschaft gegenüber. Doch nun konnte ich die Situation verändern. Also eigentlich veränderte sich nicht die Situation, sondern Amayas Sicht. Ich öffnete ihre inneren Augen und Ohren und sie hörte die Stimme des Vaters: «Dreh dich um zu mir, Amaya! Dreh dich um 180 Grad und schau mich an, nicht die Zuschauer.»

Sie erkannte auf einmal, dass der himmlische Vater genau hinter ihr stand. Er war nicht weit weg bei den Zuschauern, sondern stand mit Augen voller Stolz und Freude genau hinter ihr. Er blickte ihr direkt in die Augen und öffnete seine Arme. Die Anspannung löste sich, ihre Muskeln entspannten sich. Sein Blick war voller Liebe und Annahme und ihr Herz spürte plötzlich seine väterliche Liebe in ihr Herz fluten. In diesem Moment war sie genug ... endlich.

Diese unglaubliche Liebe des Vaters schwemmte die Lüge weg, und die Wahrheit, dass sie eine geliebte Tochter ist, füllte den Platz aus. Amaya spürte, dass sie genug war! Der Schmerz, der jahrelang so fest mit ihrem Herzen verwachsen war, löste sich auf und an seine Stelle traten tiefer Friede und Geborgenheit. Ich umarmte sie und liess sie das Erlebnis aufschreiben.

Dieser schmerzhafte Moment der siebzehnjährigen Amaya wurde an jenem Tag in ihrem Herzen geheilt. Dennoch würde es noch ein längerer Prozess für sie werden, diese Lüge immer wieder wegzuschicken und die Wahrheit anzunehmen. Amaya war es gewohnt, sich ungenügend zu fühlen, es war ein so vertrautes Gefühl geworden. Nun lag ein längerer Weg vor ihr, auf dem sie lernen würde, der Liebe des Vaters zu vertrauen. Eine Reise, während der Amaya sich fortwährend entscheiden musste, sich von den Zuschauern wegzudrehen und sich dem Vater zuzuwenden; nicht auf andere oder ihre eigene Stimme zu hören, sondern auf die des Vaters – und ihm Glauben zu schenken. Doch diese Heilung öffnete ihr eine neue Tür, eine Wahlmöglichkeit. Das Schild, das an dieser Tür hing, trug die Aufschrift: «Dreh dich um zum Vater!»

Als Amaya dieses Erlebnis später mit anderen Frauen teilte, liess der Vater sie sein Herz spüren. Auf einmal war ihr Herz voller Sehnsucht. Sie hörte diesen sehnsüchtigen Ruf des Vaters, wie er seinen Töchtern zuruft: «Dreh dich um zu mir. Such deine Bestätigung nicht bei den anderen. Lass dich nicht von dieser Welt bewerten. Dreh dich um. Siehst du nicht, dass ich direkt hinter dir stehe und dir deinen Wert zusprechen will? Dass ich hier stehe und mich nach dir sehne? Ich will dir all meine Vaterliebe geben. Mein Herz sehnt sich nach dir. Meine Arme sind offen und mein grösster Wunsch ist es, dich in die Arme zu schliessen und zu heilen.»
Sie musste damals weinen. Es war ein besonderes Gefühl. Eine Vermischung von Dankbarkeit, Trauer und Sehnsucht. Dankbarkeit, am Herzen des Vaters Anteil zu haben. Trauer um die Menschen – zu denen leider auch sie von Zeit zu Zeit gehörte –, die sich nicht umdrehten und sich einen falschen Wert zuschreiben liessen. Und die Sehnsucht des Vaters, seinen Kindern seine Annahme und seine Freude zu zeigen.
Ich drückte Amaya in diesem Moment ihre Hand und sicherte ihr zu, dass ich ihr immer wieder dabei helfen wolle, sich zu ihrem Vater umzudrehen.

Vaterschaft hat viele Gesichter

Mein Gott wird euch aus seiner überaus
reichen **Herrlichkeit** durch Jesus
Christus alles geben, was ihr braucht.

Philipper 4,19

«Berge mögen einstürzen und Hügel
wanken, aber meine Liebe zu dir wird
nie erschüttert, und mein
Friedensbund mit dir wird niemals
wanken. Das verspreche ich, der Herr,
der sich über dich erbarmt!»

Jesaja 54,10; Hfa

Erinnerst du dich an die Geschichte mit dem englischen Herrn, der Amaya einen Kuss auf die Wange gab? Und dass der Vater ihr viel später erklärte, was es mit diesem Kuss auf sich hatte? Als er Amaya dies verriet, lehrte er sie noch einiges mehr über Vaterschaft. Aber lass mich am Anfang beginnen ...

Eines Abends las ihr Mann in der Badewanne ein Buch über die Vaterschaft Gottes. Beim Lesen wurde ihm so vieles klarer und er erklärte Amaya begeistert, wie er Gottes Vaterschaft durch Begegnungen mit verschiedenen Männern hatte erleben dürfen. Ich lauschte seinem Bericht, während ich jede dieser Begegnungen vor mir sah. Anders als ihr Mann konnte ich dabei klarer erkennen, was alles geschehen war: Ich sah nicht nur die natürlichen Begegnungen, sondern auch das, was den menschlichen Augen verborgen bleibt. Wie teilte ich seine Freude in diesem Moment!
Amaya stand mir gegenüber und freute sich mit ihm; so gut wie es ging. Denn ihre Freude wurde von etwas überschattet: Traurigkeit. Schleichend breitete sich diese in ihr aus, gemischt mit wachsendem Unmut. Ich erkannte den Schmerz sofort, der hinter diesem Unmut verborgen war. Zuerst versuchte sie diese Gefühle zu unterdrücken, denn sie wollte nicht den Miesepeter spielen. Warum konnte sie sich nicht mit ihrem Mann freuen? Endlich fand sie die richtigen Worte und formulierte, was in ihren Ge-

danken und Gefühlen vorging. Sie wandte sich ihrem Mann zu: «Ich freue mich von Herzen für dich. Doch das Ganze ist einfach unfair! Klar kann ein Mann die Vaterschaft durch andere Männer erleben. Aber wie soll denn das für eine Frau gehen? Ich sehne mich nach der Nähe eines Vaters, nach den Umarmungen. Das kann ich ja schlecht bei einem anderen älteren Mann suchen. Das wird ganz schnell seltsam, unangenehm, wohl auch unangebracht. Es könnte zu Missverständnissen führen! Woher bekomme ich dann diese Vaterliebe?» In ihren Worten hallten der Schmerz und die Sehnsucht als Echo ihres Herzens wider. Amaya hatte Tränen in den Augen. Frustriert lief sie aus dem Badezimmer und legte sich ins Bett. Es war spät geworden und sie wollte jetzt nur noch schlafen.

Ich lief ihr nach und setzte mich an ihren Bettrand. Ich liebte ihr Herz, diese Sehnsucht, die in ihr brannte. Endlich war die Zeit gekommen, Amaya unsere Sicht von zwei speziellen Momenten in ihrem Leben enthüllen zu dürfen. So lange hatte ich schon darauf gewartet, dass ihr der himmlische Vater dieses Geheimnis zeigen würde. Ich flüsterte ihr zu, sich an zwei Herren zu erinnern. Ihr Atem ging ruhiger, ihr Blick war konzentriert; sie hatte meine Stimme gehört. Ich führte sie zuerst zur ersten Begegnung. Innerlich sah sie sich als 20-Jährige in dem grossen Saal stehen. Der englische Herr tauchte auf und gab ihr einen Kuss. «Dies war der Vater! Er hat dein Rufen gehört und er ist dir begegnet. Er hat dir seine Zärtlichkeit geschenkt!»

Dann erinnerte ich sie an all die Umarmungen des Hauswarts in Amerika. «Das war auch der Vater! Ihm ist nichts unmöglich! Er kann auch seinen Töchtern begegnen – nicht nur seinen Söhnen.» Sie konnte es kaum fassen. Sie war einmal mehr überwältigt von unserer Liebe! Wir hatten sie überrascht und überführt. Amaya liess ihren Tränen freien Lauf. Diese Tränen berührten und heilten ihr Herz und wuschen alle Bitterkeit, die vor einigen Minuten noch ihre Gedanken gefangen hielt, ab. Grosse Dankbarkeit und Ehrfurcht vor diesem Gott, dem nichts unmöglich ist, erfüllten sie. Erst später fand sie Worte, diesen kostbaren Moment mit ihrem Mann zu teilen.

Vaterschaft per E-Mail

Einige Zeit nach diesem Erlebnis sollte sie erleben, dass Gott ihr weiterhin durch andere Herren als Vater begegnen wollte. Diesmal nutzten wir die heutigen Technologien: Amaya hatte nämlich den Kontakt mit dem Hauswart in Amerika aufrechterhalten. Sporadisch hatten sie sich geschrieben – meist eine Weihnachtskarte mit wenigen Worten über ihr Leben. Alles in allem war der Kontakt auf ein bis zwei Briefe pro Jahr beschränkt gewesen. Bis sie eines Tages eine E-Mail erhielt. Der Hauswart hatte von einem gemeinsamen Freund ihre E-Mail-Adresse erhalten. Was nun folgte, war ein vermehrter und intensiverer Kontakt. Was jedoch ausschlaggebend war, war eine bestimmte Nachricht. Ja, es stimmt: Ich war nicht unwesentlich an dieser spezifischen Nachricht beteiligt.

Amaya sass an ihrem Computer und wollte dem Hauswart wieder einmal eine E-Mail senden. Ich setzte mich neben sie und schaute ihr über die Schulter. Eine Zeit lang sass ich nur da und las mit, was sie schrieb. Das war ja alles ganz nett. Doch da musste mal ein wenig Würze rein. Ich unterbrach sie. Wie schön, dass sie gelernt hatte, immer öfter auf meine Stimme zu hören. Auch wenn sie dies gar nicht so bewusst wahrnahm, erfasste sie plötzlich meinen Gedanken: «Schreib dem Hauswart von dem Geheimnis, das dir der himmlische Vater verraten hat. Sag ihm, dass er dir Gottes Vaterherz nähergebracht hat.» Sie tat, was sie hörte; den Zweifeln, ob jener diese Aussage nicht unangebracht fände oder sich daran stören würde, zum Trotz. Leider sind Zweifel immer sehr schnell zur Stelle, wenn ich zu den Kindern des Vaters spreche. Zweifel, die davon abhalten sollen, meine lebensspendenden Ideen auszuführen. Es ist so wichtig, dass sie die Worte und Gedanken prüfen, aber sich nicht von falschen Zweifeln aufhalten lassen. Sie würden sich sonst so vieler wertvoller und heilsamer Erlebnisse berauben.

Amaya liess sich von ihren Zweifeln nicht abbringen und schickte die E-Mail los. In den folgenden Tagen war sie unsicher: «Was wird dieser Hauswart von meiner Geschichte halten?»
Ich weiss, dass es für die Menschen nicht einfach ist, sich verletzlich zu zeigen; es braucht Mut, das eigene Herz jemandem zu öffnen. Doch es können so wertvolle Begegnungen stattfinden, wenn jemand den Mut hat, sein Herz nicht zu verstecken. Zudem war ich ja an Amayas Seite. Ich lasse die Söhne und Töchter nicht alleine, wenn sie mutig ihr Herz öffnen. In mir, in uns, haben sie Zuflucht und Schutz – gerade dann, wenn negative Reaktionen Enttäuschungen auslösen. Ich werde das Herz eines jeden halten und niemanden enttäuschen. Amaya wurde in dieser Situation jedoch nicht abgewiesen.

Mit klopfendem Herzen setzte sie sich an den Computer, als sie den Absender der E-Mail erkannte. Der Hauswart hatte zurückgeschrieben. Sie öffnete die Nachricht. Ihre Gedanken überschlugen sich: «Was wird nun folgen?» Natürlich war ich neben ihr. Ich kannte jedoch den Inhalt bereits, denn schliesslich hatte ich neben dem Hauswart gesessen, als er diese Nachricht verfasst hatte. Ich hatte gesehen, wie berührt er gewesen war, denn die E-Mail von Amaya offenbarte ihm, was ich ihm in der spanischen

Gemeinde, in welche Amaya mit ihrer Gastfamilie in Amerika ging, Jahre zuvor geschenkt hatte. Er realisierte, was dieses Gefühl war, wenn er an diese junge Frau dachte, die weit entfernt in einem anderen Land lebte. Dieses Gefühl war die Liebe, die ein Vater für seine Tochter empfindet. Eines Tages würde er ihr schreiben, dass er nun zwei Töchter habe: seine leibliche Tochter und Amaya, eine geistliche Tochter.

Amaya war erleichtert und bewegt, dass der himmlische Vater ihnen eine Vater-Tochter-Beziehung geschenkt hatte. Auch wenn der Austausch lediglich über E-Mail stattfand, nutzten wir dieses Mittel, um ihr immer wieder als Vater zu begegnen. Wir schenkten ihr auf diese Weise Rat, aber auch die Bestätigung und den Zuspruch, dass sie wertvoll und geliebt ist.
In den nun folgenden Jahren sprachen wir durch diesen Mann oft zu ihr. So wertvoll dieser Austausch auch war, so musste Amaya doch lernen, dass unsere Botschaften, die durch Menschen übermittelt werden, immer von ihnen gefärbt sind. Diese Beziehung war vom himmlischen Vater inszeniert und brachte viel Segen, dennoch durfte Amaya das Geschriebene nicht ungeprüft als von uns übermittelt betrachten. Sie musste lernen, zu prüfen und das Gute zu behalten. Und das Gute überragte wirklich bei Weitem.

Warum lebst du, als wärst du ein Waisenkind?

Nein, ich lasse euch nicht als
hilflose **Waisen** zurück. Ich
komme wieder zu euch.

Johannes 14,18; Hfa

Der Heilige Geist, den euch der Vater an
meiner Stelle als **Helfer** senden wird,
er wird euch alles erklären und euch an
das erinnern, was ich gesagt habe.

Johannes 14,26; Hfa

Fast sechzehn Jahre waren vergangen, seit ich Amaya unter den Palmen begegnet war. Eine spannende Reise lag hinter ihr, auf der sie so einiges über den himmlischen Vater gelernt und seine Liebe erlebt hatte. Doch wir hielten noch mehr für sie bereit.

Weisst du, wie es ist, wenn du an einem kalten Wintertag von draussen wieder zurück ins Haus kommst? Dann beginnst du, all die Kleiderschichten auszuziehen, die dich zuvor vor der Kälte geschützt haben.
Genauso waren wir dabei, all diese Schalen um Amayas Herz herum abzubauen. Sie hatte diese Schichten zu einem gewissen Zeitpunkt in ihrem Leben gebraucht, um sich zu schützen, doch nun war es an der Zeit, nach Hause zum Vater zu kommen. Dort brauchte sie keine Schutzhülle mehr. Er sehnt sich danach, seine Kinder in eine wahre Tochter- und Sohnschaft zu führen, wo keine Schutzhülle mehr nötig ist. Diese Schichten reissen wir jedoch nicht alle auf einmal runter; genauso wenig wie sich jemand die Kleider alle auf einmal vom Leib reisst. Der Vater geht behutsam vor, geduldig und liebevoll. Er weiss, wie herausfordernd es sein kann, eine Schutzhülle fallen zu lassen. Er überfordert seine Kinder nicht.
Für Amaya war nun der Moment gekommen, eine weitere, wesentliche Schicht abzulegen. Es handelte sich um eine Lebenslüge, die dem himmlischen Vater einen Zugang zu ihr verwehrte.

Amaya lief gerade zur Burgruine hinüber. Sie brauchte einen Platz der Stille. Bald würden viele verschiedene Königstöchter eintreffen. Es war das Jahr 2016 und sie stand am Beginn eines Frauenwochenendes. Ich freute mich, dass sie sich die Zeit nehmen wollte, mit mir zu reden und ihren Blick auf die Ankunft all dieser Frauen zu richten. Sie suchte sich eine halbwegs intakte Mauer mit gutem Ausblick, auf der ich mich neben sie setzte. Wir bewunderten die hohen Berge, das Farbenspiel des Lichts, welches die Landschaft in eine warme Atmosphäre tauchte. Nach einer Zeit der Stille begann sie mit mir über das bevorstehende Wochenende zu sprechen. Dann, in einem Augenblick der Ruhe, brachte ich die Frage hervor, die ihr nächstes Jahr bestimmen würde: «Warum lebst du, als wärst du ein Waisenkind?»

Amaya horchte auf – und verstand nichts. Sie war verwirrt. Diese Frage hatte sie nicht erwartet. Beinhaltete sie doch ein Thema, das sie überhaupt nicht beschäftigt hatte. Zudem war sie sich nie als Waisenkind vorgekommen. Sie hatte immer noch beide Eltern und mit jenen auch eine gute Beziehung. Ich wusste, dass es eines dieser Worte war, die zu jemandem kommen und nicht wieder leer zurückgehen. Ein Wort, das der Vater schickt, das erfüllt und bewirkt, wozu es gesandt wurde.
Noch leicht verwirrt blickte sie fragend auf. Ich erkannte, dass sie in ihrem Herzen wusste, dass ich recht hatte. So wandte sie sich mir zu und antwortete: «Ich kann zwar nicht verstehen, was du mit dem Waisenkind meinst, aber ich spüre, dass dies die Wahrheit ist. Ich merke, dass du es bist, der zu mir spricht. Ich will mich darauf einlassen, dem nachzugehen. Als Waisenkind will ich nicht leben. Führe du mich.»

Amayas Antwort freute mich. Langsam wurde es dunkler und somit Zeit, ins Wochenende zu starten. Ich erhob mich und reichte ihr die Hand, um gemeinsam mit ihr zurückzuschlendern. Für diesen Tag war genug gesagt. Wie schön. Sie hatte eingewilligt, einen neuen Weg auf ihrer Reise einzuschlagen.

Die Waisenkind-Frage beschäftigte sie das ganze Wochenende. So war es nicht weiter erstaunlich, dass sie bald herauszufinden begann, was hinter diesen Worten steckte. Amaya musste sich mehr und mehr eingestehen, dass sie wie ein Waisenkind lebte: Wie oft hatte sie das Gefühl, alles alleine machen zu müssen, auf sich selbst gestellt zu sein. Ihr fehlte ein Urvertrauen, dass da ein Vater ist, der für sie sorgt. Sie zweifelte an ihrem Selbstwert, an dieser Gewissheit, wertvoll und würdig zu sein. Angst, sie könne zu kurz kommen, war ihr ein vertrautes Gefühl.

Wenn sich seine Söhne und Töchter aufmachen, seinen Worten Raum zu geben und sich von ihm verändern zu lassen, dann hält der Vater wunderbare Pläne bereit. So war es auch bei Amaya. Dazu kam noch, dass ich ihr gewisse falsche Haltungen aufzeigen konnte, die ihr Leben bestimmten. Ich führte sie zu Predigten, die bereits Jahre zuvor gehalten worden waren, Amaya hatte sie nur noch nie gehört – dank CDs und Podcasts ist dies heutzutage ja problemlos möglich.

Wenn die Zeit gekommen ist – das Timing stimmt –, dann tragen wir diese Wahrheiten an unsere Kinder heran, damit sie lernen und wachsen können. Um unsere Führung zu erleben, brauchen sie lediglich die Augen offen zu halten. Sie werden über die Kreativität und den Humor des Vaters staunen: Seine Art, zu lehren und zu führen, ist einzigartig.

Privatlektionen des Himmels

Kurz nach diesem Wochenende begann ich, Amaya auf alle möglichen Arten zum Thema Waisenkind zu unterrichten. Schliesslich ist das Lehren eines meiner Spezialgebiete (Johannes 14,26).

Als Erstes nutzte ich die wiederauflebende E-Mail-Beziehung zu ihrem geistlichen Vater. Als er ihre E-Mail las, in der sie ihm von dieser Frage erzählte, trat ich neben ihn. Ich legte meine Hand auf seine Schulter und zeigte auf eine Handvoll CDs. «Erinnerst du dich an diese Predigtreihe über den ‚Waisenkind-Geist‘? Das ist es, was Amaya jetzt braucht. Schick ihr diese CDs. Sie muss hören, was dort gesagt wird.» Er erhob sich, nahm die CDs in die Hand. Während er sie betrachtete, schmunzelte er, konnte er sich doch gut an deren Inhalt erinnern und daran, welche Heilung sie ihm selbst gebracht hatten. Er zögerte nicht eine Sekunde, sondern verpackte sie, um sie auf die Post zu bringen. Ich liess diese Botschaft über den halben Planeten verschiffen, um Amaya mit wichtigen Informationen zu versorgen. Ihr geistlicher Vater konnte nicht ahnen, was für einen Segen ihr dies brachte.

Damit waren meine Möglichkeiten aber noch lange nicht ausgeschöpft. Die nächste Quelle liess ich sie mitten im Alltag entdecken. Sie war gerade dabei, das Haus zu putzen. Amaya hatte sich angewöhnt, dabei einen Podcast zu hören. Eine wunderbare Gelegenheit für mich, zu ihr zu sprechen, und motivierend für sie, die nicht so beliebte Putzarbeit in Angriff zu nehmen. Eine Win-win-Situation. Ich liebe es, mitten im Alltag aufzutauchen, zu lehren und Begegnungen zu schaffen. Es braucht nicht viel – nur ein lauschendes Ohr, ein offenes Herz oder wachsame Augen.

Amaya hatte dies nun schon so manches Mal erleben dürfen und sie fragte sich, womit ich sie an diesem Tag überraschen würde.

Einige Monate zuvor hatte ich einen Schriftsteller beauftragt, ein Buch zu schreiben. Es erzählt von der Reise einer Frau, die eigentlich ihren Vater sucht. In gewisser Weise handelt es von einem Waisenkind – das doch keines war –, welches nach Hause kommen soll: ihr Thema.

Solltest du dich nun fragen, ob ich damit sagen will, dass dieser Schriftsteller dieses Buch nur für Amaya geschrieben hatte, so kann ich dich beruhigen: Nein, nicht nur, aber auch für sie. Wir vermögen viel komplexer zu denken und zu handeln als die Menschen. Der Erscheinungstermin dieses Buches war einfach der perfekte Zeitpunkt für Amayas Leben.

Während Amaya also staubsaugend durch die Wohnung kurvte, wurde im Podcast jenes Buch vorgestellt. Sie horchte auf, als das Wort «Waisenkind» darin vorkam. Ich sah ihr Schmunzeln. «Wieder das gleiche Thema», und dabei lächelte sie mir zu. Ich hob nur die Schultern und erwiderte mit einer Unschuldsmiene ihr Lachen. Tja, ich weiss eben, wie ich spannenden Unterricht gestalten kann. Kreativ sein, das ist mein Wesen.

Sie überlegte gerade, ob sie das Buch wirklich bestellen sollte, es warteten noch so viele andere Bücher darauf, von ihr gelesen zu werden. Sie besass ja bereits CDs zu jenem Thema. Als sie dann noch hörte, wie der Schriftsteller davon sprach, dass es für kreative Leute, für Künstler, gedacht sei, wollte sie das Ganze schon abhaken: «Ich bin keine Künstlerin; dieses Buch wird nichts für mich sein.» Doch ich wusste, was nun folgen würde.

Für mich gibt es keine Grenzen, weder zeitliche noch räumliche. Ich bin immer und überall bei meinen Kindern. Also war ich auch im Studio zugegen, als der Podcast aufgenommen wurde. Als die Frage kam, für wen denn dieses Buch sei, hatte ich dem Schriftsteller ein Wort eingeflüstert. Würde er im Nachhinein gefragt werden, wüsste er wohl kaum noch, dass er es überhaupt erwähnt hatte. Für Amaya war es jedoch das entscheidende Wort. «Für wen ist dieses Buch?», hörte sie im Podcast. Da, mitten im Putzen des Fussbodens, antwortete der Schriftsteller: «Für Hausfrauen, Künstler ...» Sie traute ihren Ohren kaum. Der Podcast lief weiter, doch Amaya blieb an diesen Worten hängen, bis sie laut herausprustete: «Typisch Gott!» Sie war mitten in der Hausarbeit, unsicher, ob sie das Buch kaufen sollte, und dann dieser unmissverständliche Hinweis von mir. Hausfrauen – ja genau, in diesem Moment war sie das: eine Hausfrau.

Klarer konnte ich ihr nicht mitteilen, dass dieses Buch für sie bestimmt war: Klassen-lektüre im Fach «Wie lebe ich nicht mehr als Waisenkind» mit dem Titel: «The Story of With».[6]

In den kommenden Monaten versorgte ich Amaya zur Genüge mit Lehrmaterial. Doch es reicht nicht aus, nur Informationen zu sammeln. Es braucht auch einen persönli-chen Prozess, eine Veränderung des Herzens, Bekennen von Sünde, Umkehr, Heilung von Wunden, Wahrheiten, die wiederhergestellt werden. Ich bin nicht nur der Lehrer, sondern auch der Tröster, einer der ermutigt und in die Wahrheit des Vaters führt.

6 Allen Arnold, The Story of With. A Better Way to Live, Love & Create, United States of America 2016.

Das Geschenk der natürlichen Eltern

Lasst euch in eurem Denken verändern und euch innerlich ganz neu
ausrichten.

2. Epheser 4,23; Hfa

Meine lieben Freunde! All dies hat uns
Gott versprochen. Darum wollen
wir uns von allem trennen, was uns
verunreinigt sei es in unseren Gedanken
oder in unserem Verhalten. In Ehrfurcht
vor Gott wollen wir immer mehr
so leben, wie es ihm gefällt.

2. Korinther 7,1; Hfa

Der intensive Prozess, diese Waisenkind-Mentalität abzulegen, dauerte genau ein Jahr. Er fand an dem Frauenwochenende sein Ende, das demjenigen folgte, auf dem ich die Frage an Amaya das erste Mal gerichtet hatte. Mit «Ende» meine ich allerdings nicht, dass er für immer abgeschlossen war, doch wurde dadurch ein Fundament gelegt, auf das Amaya weiter aufbauen konnte – bis heute.
Noch war sie aber nicht so weit. Das Frauenwochenende war noch einige Monate entfernt und ich erwähnte ja bereits, dass neben dem Unterricht auch persönliche Veränderungen anstanden. Amayas Herz wurde in dieser Zeit in so einigen Punkten umgewandelt.

Wir befanden uns gerade auf einer unserer Joggingrunden. Amaya liebte es, ihre gewohnte Runde um die kleine Stadt zu drehen, in der sie wohnte. Während sie schnell atmend an dem Fluss entlanglief, der jenes Städtchen umschliesst, liess sie ihre Gedanken zu mir wandern. Diese gemeinsame Zeit nutzte ich oft, um zu ihr zu sprechen, denn beim Joggen bot sich ihr eine wunderbare Gelegenheit, alles, was sie von mir abhielt, hinter sich zu lassen. Mit jedem Meter, den sie lief, schienen mehr Sorgen und Alltagsballast abzufallen, wodurch ihr Herz sensibler wurde, um zu hören.

Diesmal begann ich bereits auf der Hälfte der Strecke, einen Dialog mit ihr zu führen. Sie hatte am Tag zuvor eine Predigt gehört – es war eine von den CDs aus Amerika – über die Haltung von «Waisenkindern», «geistlichen Waisenkindern». Ein Thema in dieser Predigt betraf die Beziehung zu den leiblichen Eltern.

«Wie ist deine Haltung gegenüber deinen Eltern? Was fühlst du in deinem Herzen, wenn du jetzt an sie denkst?» Sie gab nicht sofort Antwort, sondern überlegte, während sie weiterlief. Ich wusste, dass in ihrem Herzen verschiedene Gefühle aufkamen. Doch auf eines dieser Gefühle hatte ich mein Augenmerk gerichtet. Amaya spürte es, denn dieses Gefühl war an diesem Morgen stärker als die anderen. Zurückdenkend an die Predigt gestand sie: «In die verschiedenen Gefühle, die auch viele positive Gefühle beinhalten, mischt sich ein gewisser Unmut dazu.»
«Geh diesem Unmut auf den Grund. Gegenüber wem empfindest du den Unmut? Es ist eine gewisse Bitterkeit darin – nicht stark, aber dennoch vorhanden. Lass uns das heute anschauen. Ich will nicht, dass dies noch länger Platz in deinem Leben hat.»
Sie spürte, wie der Unmut grösser wurde, nun da sie ihn hervorholte und ihm Raum liess. Erstaunt blickte sie mich an: «Mein Unmut richtet sich nicht gegen meine leiblichen Eltern, sondern gegen Gott, meinen himmlischen Vater.»
Ich nickte nur stumm, war dies für mich ja keine neue Entdeckung. Ich kannte sie durch und durch.
Menschen fürchten sich manchmal, uns ihre Geheimnisse zu verraten – vor allem, wenn sie ihnen tief und dunkel erscheinen. Dabei wissen wir schon längst darum. Es gibt keinen Grund, uns etwas zu verschweigen. Wir sehen alle Abgründe. Doch gab es noch nie einen Abgrund in dem Leben eines Menschen – und wird es auch nie geben –, der so tief und so schrecklich wäre, dass wir uns vertreiben liessen. Denn viel mehr als die Abgründe sehen wir die Herrlichkeit und die Kostbarkeit eines jeden Menschen.

«Eigentlich mache ich Gott Vorwürfe, dass er mich in diese Familie geboren hat. Warum bin ich nicht in einer Familie aufgewachsen, in der mir meine Eltern auch im erwachsenen Alter noch im Glauben vorausgehen können? Ich kenne Eltern, die ihre Kinder so viel lehren können in Glaubensfragen. In meiner Familie gibt es das nicht.»
«Du denkst, Gott hat einen Fehler gemacht?», fragte ich zurück.
«Ich weiss, dass er keine Fehler macht. Und ich liebe meine Familie auch. Aber wenn ich ganz ehrlich bin, dann ist irgendwo tief in mir drinnen und gut versteckt dieser Unmut. Ein Gemisch aus Eifersucht und Traurigkeit, dass ich das nicht habe, was andere haben. Obschon ich meine Familie nicht tauschen möchte, spüre ich den Wunsch, eine andere Familiengeschichte zu haben ... und ich mache mir Vorwürfe für diesen Wunsch.»

Ich ging ganz nah zu ihr: «Lass diese Bitterkeit los. Diesen Unmut gegenüber Gott und gegenüber deinen Eltern. Du musst dich von der Bitterkeit lösen – sie ist nicht okay. Sie entspringt dem Denken eines geistlichen Waisenkindes. Dieses Waisenkind hat das Gefühl, zu kurz zu kommen und auf sich alleine gestellt zu sein. Es kann nur sehen, was fehlt, und nicht, was es alles hat. Wenn du das fokussierst, was dir in deiner Familie fehlt, dann verpasst du, was du hast.»

Nach einer kurzen Pause ergänzte ich: «Du vertraust Gott, oder?»
Amaya nickte mit dem Kopf und schaute mich erwartungsvoll an. In ihr hatte ein Kampf begonnen: Wollte sie diesen Unmut wirklich loslassen? Konnte sie es? Es wäre doch wirklich einfacher gewesen, wenn ihre Eltern ihr im Glauben klarer hätten vorangehen können.
«Der Vater hat keinen Fehler gemacht. Er wollte dich in genau dieser Familie haben. Denn diese Familie, deine Eltern, deine Vorfahren, sie tragen wunderbare Eigenschaften in sich. Deine Eltern konnten dir Dinge vermitteln, die so wertvoll sind für dein Leben. Solange du deinen Fokus aber auf den Mangel lenkst, wirst du diese Eigenschaften, dieses Erbe, weder sehen noch empfangen können.»

Ihre Augen füllten sich mit Tränen. Sie fing allmählich an zu verstehen, dass ihre Perspektive einseitig war. Ich ermutigte sie weiter, den Unmut über nicht Erhaltenes oder Erlebtes loszulassen. Dieses Loslassen war ein wichtiger Teil des Prozesses. Es half ihr, diese «Waisenkind-Mentalität» mehr und mehr abzulegen.
Erst wenn die Töchter und Söhne des Vaters lernen, loszulassen, wenn sie den Schmerz über das Fehlende abgeben können, sind sie bereit, Neues zu empfangen. So öffnen sie ihre Hände einem guten Vater, der sie versorgt und sie nicht zu kurz kommen lässt. Das ist die wunderbare Tochterschaft, die einzigartige Sohnschaft.
Amaya atmete noch einmal tief durch und entschloss sich dann, alles abzugeben und ihrem himmlischen Vater zu vertrauen. Sie wollte glauben, dass sie in genau der richtigen Familie war und ihren Blick auf das richten, was sie hatte, nicht auf das, was ihr fehlte.

Am Ende dieser Joggingrunde verspürte Amaya im Hinblick auf ihre Herkunft einen angenehmen Frieden. Natürlich konnte sie nicht auf einen Schlag erkennen, was für wunderbare Eigenschaften ihr in ihrer Familie vermittelt worden waren. Doch mit der Zeit entdeckte sie immer mehr Schätze. Und mit jeder Entdeckung wuchs die Dankbarkeit für ihre Familie und die Grosszügigkeit ihres himmlischen Vaters.
Sie war dankbar für Dinge wie Gastfreundschaft, Durchhaltevermögen, Liebe zu Sport, Bewegung und Natur, Loyalität, Pflichtbewusstsein, Humor, Tatendrang, Offenheit für

andere Kulturen und einiges mehr. Sie erkannte, dass Gott einen guten Plan gehabt hatte, als er sie in diese Familie hineinsetzte.

Zudem hatte sie ja in den letzten Jahren erleben dürfen, dass Gott ihren Mangel beseitigt. Gott weiss, dass die leibliche Familie seinen Kindern nie alles geben kann, was sie brauchen. Kein Mensch auf der Welt kann das. Aber der himmlische Vater will den Herzen seiner Kinder das bringen, was ihnen fehlt.

Die Antwort am Himmel

Seht doch, welche Liebe der Vater uns
erwiesen hat: Wir sollen seine Kinder
heißen und wir sind es tatsächlich!

1. Johannes 3,1a

«Ich werde euer Vater und ihr sollt
meine Söhne und Töchter sein»,
spricht der Herr, der Allmächtige.

2. Korinther 6,18

Einige Wochen später schaute sich Amaya eines Abends einen Film[7] an, der von der Vater-Kind Beziehung handelte. Der Film spielt in Asien. Zwei Jungen wurden im Spital als Babys vertauscht und wuchsen bei der «falschen» Familie auf. Als die Jungen ins Schulalter kommen, wird die Verwechslung erkannt. Sollen nun die Jungen zu ihren «richtigen» Familien zurückkehren? Es war ein nachdenklicher Film. Obwohl dieses Verwechslungsthema ihr nicht nahe war, berührte die Geschichte etwas in ihr. Es ging dabei nicht so sehr um die Filmgeschichte als vielmehr um die Sehnsucht, von einem Vater geliebt und gesehen zu werden und ihm ganz nahe zu sein. Und mit dieser Sehnsucht wollte sie nun zu uns kommen.

Ich wartete bereits auf der Terrassenschwelle, als sie nach dem Film eine Jacke überzog und zu mir hinauskam. Amaya setzte sich neben mich. Noch immer liebte sie den Ort auf der Türschwelle oder dem Fenstersims. Dort, wo sie die Wärme des Hauses spürte und dennoch die frische Luft vom Freien einatmen konnte. Es war «unser» Ort, wo wir uns oft trafen, um bewusst Gemeinschaft zu haben.

Zusammen betrachteten wir den endlos scheinenden Sternenhimmel. Ich erkannte dabei ihre Gedanken. Sie wünschte sich eine Sternschnuppe. Sie liebte diese Himmelszeichen und empfing sie jedes Mal als Geschenk des Vaters. Doch wollte sie Gott auch nicht als «Automaten» abhandeln, von welchem man alles erbittet, um es dann sofort zu erhalten. Deshalb schob sie in ihrem Wunsch noch einen Gedanken nach: «Es würde mich einfach freuen, aber es ist okay, wenn ich keine sehe.»

Ich kann dir den Grund verraten, warum sie eine Sternschnuppe sehen wollte. Amaya war sich dessen damals noch nicht bewusst, doch hinter diesem Sternschnuppen-Wunsch verbarg sich die Hoffnung auf eine Antwort, ein sichtbares Zeichen. Amayas Herz wollte wissen, ob sie geliebt ist. Ob sie wirklich die Tochter ihres himmlischen Vaters ist. Ob er sie als seine Tochter sieht und haben möchte. Die Menschen sind beauftragt, im Glauben zu leben – ohne zu sehen. Doch manchmal offenbart sich Gott durch Zeichen. Es sind solche Offenbarungen, die den Söhnen und Töchtern helfen, im Glauben weiterzugehen.

Ich sass immer noch geduldig da und wartete darauf, was Amaya erzählen würde. Sie dachte über den Film und das Gesehene nach und wanderte dann in Gedanken zur Vaterbeziehung. Ich hörte, dass sie dankbar war für alles, was sie gelernt hatte über das Waisenkind, für alle Veränderungen, die dieses Jahr mit sich gebracht hatte.
In dem Moment spürte ich die Sehnsucht im Herzen des Vaters, sich ihr zu zeigen, seine Tochter an sein Herz zu ziehen. Der Vater liebt seine Söhne und Töchter und will sich ihnen offenbaren. Er will alles in Bewegung setzen, um ihnen zu begegnen und sie zu sich zu führen.
Gleichzeitig formulierte Amaya ihren Herzenswunsch: «Ich möchte dich, Papa, besser kennenlernen – als meinen Vater. Ich möchte dir nahe sein – als Tochter zu dir kommen. Kannst du dich mir als Vater zeigen?»
Ich sah, dass ihr Herz bewegt war: «Amaya, schau zum Himmel hinauf. Sieh dich nochmals um!» Sie erhoffte, eine Sternschnuppe zu sehen. Das wäre für sie eine schöne Antwort gewesen. Ich jubelte bereits in meinem Innern, denn ich wusste, dass der Vater sich nicht zweimal bitten lässt, wenn seine Kinder an sein Vaterherz kommen wollen. Er wollte sich schon zu der Zeit, als sein Sohn noch auf der Erde war, als Vater offenbaren. Du kannst dir sicher sein: Sein Anliegen hat sich nicht geändert.

Und so zeigte der Vater in dieser Nacht Amaya seine ganze Leidenschaft. Sie blickte zum Himmel hinauf und konnte nicht glauben, was sie in diesem Moment sah. Sie kniff die Augen kurz zusammen, doch das Zeichen war deutlich sichtbar. Noch nie in ihrem Leben hatte sie so etwas am Himmel gesehen. Sie beobachtete nicht eine Sternschnuppe, sondern einen Feuerball. Wie eine Sternschnuppe flog er über den Himmel. «Träume ich das?» Sie konnte es kaum fassen und wusste doch: Sie hatte einen Feuerball gesehen, der für Sekunden am Himmel erschienen war. «Es muss wohl ein Meteorit gewesen sein», überlegte sie. Ich konnte nicht mehr an mich halten und sprang auf, um dem Schöpfer zuzujubeln. Er zeigte in diesem Moment seine ganze Leidenschaft – für sie.

7 Like Father, like Son (2013)

Egal wann, egal wo, wenn jemand den Vater bittet, dass er ihm sein Vaterherz öffnet, dann spricht er seine tiefste Sehnsucht an. Der Vater will und wird sich ihm offenbaren, auf welche Weise dies auch sein mag. Er zeigt sich seinen Töchtern und Söhnen auf vielfältige, kreative Art – so wie es jedem seiner Kinder entspricht. Probiere es aus.

Die Tränen strömten über Amayas Gesicht. Sie war so berührt von seiner Liebe und Leidenschaft. «Was für einen Gott haben wir», dachte sie, «einen Gott, der allmächtig ist – Herr über die Himmelszeichen ... Und dennoch sieht er jeden einzelnen Menschen und nimmt ihn ernst.» Noch Minuten später sass sie erschüttert und zutiefst berührt auf der Terrassenschwelle, konnte kaum glauben, von was sie gerade Zeugin geworden war. Ich setzte mich wieder zu ihr, legte meine Hand auf ihre Schulter und genoss den Augenblick. Diese Offenbarung konnte ihr niemand nehmen.

Was für eine Liebe hat der Vater für seine Kinder!

Zu Hause

[...] und zu erkennen, was alle
Erkenntnis übersteigt: die unermessliche Liebe, die Christus zu uns hat. So
werdet ihr bis zur ganzen Fülle Gottes
erfüllt werden.

Epheser 3,19

Deshalb schauen wir alle die Herrlichkeit des Herrn mit aufgedecktem
Gesicht an. Wir sehen sie wie in einem
Spiegel und werden so seinem Bild
immer ähnlicher, denn seine Herrlichkeit verwandelt uns. Das alles bewirkt
der. Geist des Herrn.

2. Korinther 3,18

Langsam näherte ich mich der Tür und drückte sanft die Klinke hinunter. Endlich! Die Tür war nicht mehr verschlossen. So lange haben wir schon darauf gewartet, dass der Zugang frei ist. Und nun war es endlich so weit ...

Amaya stand im Hotelzimmer vor dem Spiegel. Das vierte Frauenwochenende war angebrochen, war schon voll im Gang. Ein ganzes Jahr war vergangen, seit ich ihr die Frage gestellt hatte: «Warum lebst du noch, als wärst du ein Waisenkind?» An diesem Abend wollte sie den Anwesenden über ihre Reise im letzten Jahr berichten. Sie wollte erzählen, wie ich zu ihr bezüglich des Waisenkindes gesprochen hatte, was ich sie gelehrt hatte.

Nun machte sie sich bereit, um später das Referat zu halten. In einigen Minuten würde sie die Treppe hinunter in den Speisesaal gehen, gemeinsam mit den anderen Frauen das Abendessen einnehmen – obwohl sie wohl kaum viel essen würde. Sie ist meist zu nervös, sodass sie nicht viel in ihren kribbeligen Magen hinunterschlucken kann. Danach würde sie ihre Geschichte erzählen. Doch noch war sie im Zimmer. Bevor sie dieses verlassen würde, wollte der Vater selbst ihr begegnen. Der Zeitpunkt war gekommen.

Es war ein heiliger und kostbarer Augenblick – ungesehen von der Welt. Unabhängig von jeglicher Leistung, jeglichem Bemühen und aller Anstrengung. Dennoch – oder gerade deshalb – war dieses Geschehen so wertvoll. Vorsichtig öffnete ich die Tür und spähte erwartungsvoll in den Raum. Ich freute mich und mein Herz drohte zu zerbersten. Nach so langer Zeit war nun der Augenblick gekommen, in welchem der Vater ihr so nahe sein konnte wie noch nie zuvor.
Die Tür, durch die wir kamen, war nur die Zimmertür eines Hotels. Und doch war sie ein Symbol für den Eingang zum Innersten in Amayas Herz. Sie stand für ihr Vertrauen, uns ganz an ihr Innerstes, an ihre Gefühle und Gedanken, aber auch an ihr wirkliches Wesen heranzulassen. Die Tür aufzuschliessen, damit der Vater diesen heiligen Ort in ihrem Herzen betreten konnte, kostete Amaya viel Mut. Denn hier war sie so verletzlich wie sonst nirgendwo. Gleichzeitig hungerte sie genau da am meisten nach Liebe und Annahme. Nun konnte sie des Vaters Liebe wirklich in ihrem tiefsten Innern empfangen, sich lieben und in seine Arme fallen lassen.

Ich blieb nahe der Tür stehen, als sich der Vater Amaya vorsichtig Schritt für Schritt näherte. Sie stand vor dem Spiegel und betrachtete sich. Sie war hübsch zurechtgemacht und ich freute mich darüber, dass sie sich wohlwollend ansah. Was für ein Geschenk, dass sie sich in diesem Moment annehmen konnte, so wie sie war! Durch diese Selbstannahme strahlte Amaya noch viel mehr. Wenn sie sich mit meinen Augen hätte sehen können, wäre ihr der Mund offen geblieben vor Staunen.
Warum können die Menschen ihre eigene Schönheit so oft nicht sehen? Sie verpassen das Strahlen, das in ihnen wohnt und vergraben es hinter dicken Mauern der Selbstablehnung und Angst.
Doch hier im Hotelzimmer, in diesem Augenblick war es anders: Ihre Schönheit leuchtete im Zimmer. Der Vater trat ganz nahe hinter sie und berührte leicht ihre Schulter. Sanft sprach er zu ihr: «Meine Tochter, ich bin so unendlich stolz auf dich! Ich bin hier bei dir. Ich war immer bei dir und werde immer bei dir sein. Ich werde hinter dir stehen und mich an dir freuen.»

Da geschah es. Ihre Augen, ihre ganze Haltung veränderte sich. Amaya richtete sich innerlich auf, sie begann, noch mehr zu strahlen, und ich spürte, dass eine Sicherheit sie durchfloss: Sie war geliebt! Plötzlich wusste sie, dass sie wirklich eine «Tochter des Höchsten» ist. Sie wusste, dass der Vater sie liebt und annimmt. Es war nicht länger nur eine Hoffnung, sondern eine Tatsache.

Ihr Herz, das sich so oft nach Liebe und Annahme gesehnt hatte, wurde in diesem Moment von seiner Liebe erfüllt. Vergleichbar mit einem Fass, das gefüllt wird. Die Liebe bedeckt den Boden, um weiter anzusteigen.

Amayas Liebestank wurde in diesen kurzen Minuten vor dem Spiegel gefüllt. Später an jenem Abend würde sie diese Fülle immer noch spüren. Die Liebe und Annahme würden weiterhin ein wohliges Gefühl in ihr auslösen, ganz anders als sonst. Denn da schien diese Fülle oft so schnell wieder zu verschwinden. «Als hätte mein Fass keinen Boden», meinte Amaya dann häufig. Sie hatte damit gar nicht so unrecht, denn dadurch, dass ihre innerste Tür bis zu diesem Zeitpunkt verschlossen gewesen war, fehlte ihrem Liebes-Fass tatsächlich ein Boden. Die Bestätigung, eine Tochter des Höchsten zu sein, und die Geborgenheit, die damit einhergeht, hatten sich nicht in ihr verankern können – nicht an jenem Ort, wo sie es wirklich gebraucht hätte. Von diesem Abend an war jedoch alles anders. Sie würde diese Gewissheit nicht mehr verlieren. Das Fass hatte zwar noch hier und da Löcher und die Sehnsucht nach Liebe und Bestätigung würde nicht verschwinden, doch der Boden würde bleiben.

Tränen traten in Amayas Augen. Sie war so dankbar. Sie dankte dem Vater, sie dankte uns, von ganzem Herzen. Genau an diesem Abend, als sie darüber sprechen wollte, wie sie sich auf die Reise gemacht hatte von einem Waisenkind zu einer Tochter, hatte sie diese Liebe erfahren dürfen. Wenige Minuten bevor sie ihren Vortrag begann, erkannte ihr Herz die Wahrheit. Diese Reise nahm ein Ende, sie war zu Hause angekommen.

Es folgten noch viele andere Reisen – und viele werden noch folgen. Amaya wird lernen dürfen, als Tochter des Höchsten zu leben, doch ihr Vater wird für immer hinter ihr stehen. Diese Sicherheit sollte ihr nicht mehr geraubt werden.

Vor vielen Jahren traf ich Kwagala (Erinnerst du dich? Diesen Namen hatten wir ihr als Bestätigung gegeben) unter den Palmen in einer Hängematte. Damals war sie verwaist und sehnte sich nach der Liebe des Vaters. Zaghaft liess sie sich auf das Abenteuer ein, unserer Stimme zu glauben und uns zu antworten. Schritt für Schritt näherte sie sich dem Vater – und er durfte sich ihr nähern. Nun stand sie vor uns als strahlende Tochter. Sie war zu Hause angekommen, in den Armen des Vaters.

Was für ein Fest …

Amaya war bereit für die vor ihr liegenden Abenteuer – als eine Tochter, die sich geliebt weiss.

Die Abenteuer seiner Kinder

Kostbare Begegnungen

> Doch Jahwe-Gott rief den
> Menschen: «Wo bist du?»
>
> 1. Mose 3,9

> Doch allen, die ihn aufnahmen und an
> seinen Namen glaubten, gab er das
> Recht, Kinder Gottes zu werden.
>
> Johannes 1,12

Das war sie. Meine ganz persönliche Reise hin zu meinem liebenden Vater – Amayas Reise. Wie schön, dass du dabei warst, dass der Heilige Geist dich durch einen Teil meiner Geschichte führen durfte. Sie ist eine von vielen Geschichten, die er erzählen könnte. Denn all diese Zusammentreffen, die ich erleben durfte, beschreiben keine Ausnahme. Gott wünscht sich, allen seinen Kindern zu begegnen. Er will mit ihnen reden, ihr Leben auf ganz persönliche Art und Weise verändern – zu ihrem Besten.

Ich liebe es, Menschen zuzuhören, wie Gott in ihr Herz gesprochen hat. Es berührt mich, wenn seine Hand in ihrem Leben sichtbar wird. Jedes Mal enthüllt es etwas von seinem Vaterherzen, seiner unendlichen Liebe und seinem allmächtigen Handeln. Deshalb sollen hier auch andere Personen zu Wort kommen. Auf den folgenden Seiten werden einige Freunde und Bekannte Geschichten aus ihrem Leben teilen. Sie beschreiben wertvollen Begegnungen mit dem Vater. All diese Menschen haben Gott ganz unterschiedlich erlebt – gerade dies begeistert mich an unserem himmlischen Papa: Er weiss genau, was unser Herz gerade nötig hat.

Die Erzählungen dieser Söhne und Töchter sollen eine Ermutigung sein: Gott will dir begegnen, er ruft jede und jeden von uns. Habe keine Angst. Es gibt keine Ausnahme. Vielleicht hörst du Gott zu Beginn noch nicht klar. Das war bei mir auch der Fall. Gib nicht auf. Der himmlische Vater will jeden Sohn, jede Tochter empfangen. Er hat für dich deine persönliche Reise vorbereitet. Denn obwohl in all den Erlebnissen der Charakter desselben Gottes zutage tritt, wird doch jede Begegnung einzigartig sein: massgeschneidert für dich.

Bea: Der Beweis

Wenn ich über mein Leben nachdenke, fühle ich mich sehr gesegnet und beschenkt: Super Freunde, eine tolle Wohnung, eine geniale Gemeinde; kurz: meine ganze Lebenssituation.

Als ich mich mit dem Gedanken auseinandersetzte, wegzuziehen und damit viele dieser tollen Beziehungen und Geschenke zurückzulassen, fiel mir dies entsprechend schwer. Gleichzeitig führte mir dieser Gedanke all die Gründe zu danken wieder vor Augen. So wandte ich mich an Gott: «Danke, dass du mir eine Gemeinde geschenkt hast, die für mich wie eine Familie ist, zwei spannende Jobs, Freunde, die mich einladen, beschenken, ermutigen und schätzen, eine wertvolle Verwandtschaft, Begabungen und Hobbys ...»

Mitten in meinen Aufzählungen hinein unterbrach mich Gott. Glasklar hörte ich sein Reden: «Dies alles ist nicht ein Beweis meiner Liebe.»

Ich war verblüfft. Natürlich hatte ich diese Dinge als Geschenke Gottes angesehen – ein deutliches Zeichen seiner Liebe zu mir. Wieso sollten sie kein Beweis seiner Liebe sein?
«Beweis» und «Liebe» – das kam mir bekannt vor und erinnerte mich an Römer 5,8 (NGÜ):
«Gott hingegen beweist uns seine Liebe dadurch, dass Christus für uns starb, als wir noch Sünder waren.»
Das sass. Gott hat seine Liebe schon lange bewiesen. Es braucht keinen weiteren Beweis. Jesus ist für mich gestorben. Diese Tatsache zeigt mir, dass ich bedingungslos und komplett geliebt bin. Unabhängig von Umständen, vom Wohnort, von der Anzahl an Freunden, von irgendwelchen Äusserlichkeiten. Gott hat seine Liebe bewiesen – alles andere ist Zugabe. Und nichts mehr.

Umgekehrt bedeutet das auch: Was auch immer wegfällt – sei es eine Freundschaft, die Gesundheit, irgendeine vermeintliche Sicherheit ... – ich bin und bleibe absolut geliebt. Egal, wie es um den materiellen Segen steht – ich bin in Christus mit jedem geistlichen Segen gesegnet (Epheser 1,3). Ich muss mich an nichts auf dieser Welt klammern, um zu wissen, dass ich geliebt und gesegnet bin. Egal, was ich in meinem Leben als Segen ansehe – ich hänge mein Herz nicht daran. Gott hat seine Liebe längst bewiesen. Es gibt nie einen Grund, an Gottes Liebe zu mir zu zweifeln.

Debbie: Gott der Praktiker

Ich nahm an einem Frauenabend in unserer Gemeinde teil. Die Frau, die den Abend leitete, erzählte davon, wie oft wir uns auf den Mangel in unserem Leben fokussieren. Gegen Ende konnten wir uns Zeit nehmen, darüber nachzudenken, wo unser Mangel liegt und wie Gott den auffüllen könnte.
Ich brauchte nur kurz darüber nachzudenken. Noch immer fehlte mir mein Vater, der vor einiger Zeit unerwartet gestorben war, extrem. Ich vermisste ihn! Besonders in praktischen Angelegenheiten wurde mir seine Abwesenheit bewusst. Er war derjenige gewesen, an den ich mich wenden konnte, wenn ich in handwerklichen Dingen mit etwas nicht zurechtkam. Er war immer zur Stelle und half mir. «Wie solltest du mir in praktischen Arbeiten helfen können, Gott?», dachte ich. «Wenn in unserem Fitnessstudio etwas kaputtgeht, dann kannst du mir diesen Mangel, diese praktische Hilfe, nicht ersetzen.»
Da hörte ich innerlich Gott zu mir sprechen: «Hast du vergessen, was heute Morgen im Fitnessstudio geschehen ist?» Ich erinnerte ich mich an diesen Vorfall. Ich versuchte verzweifelt einen Schaumstoff zu finden, um etwas zu reparieren. Ich hatte keine Ahnung, wo ich dieses Material herbekommen sollte. Die Sehnsucht nach meinem Vater kam auf, der jetzt genau gewusst hätte, wo ich den Schaumstoff beschaffen könnte. In diesem Moment betrat ein Klient das Studio und sah meine Verzweiflung. Er fragte nach, was los sei. Ich erklärte ihm das Problem mit diesem Schaumstoff. Kundig entgegnete er mir: «Ach, dieses Material kenne ich. Damit werden Heizungsrohre isoliert.» Er erklärte mir, dass er solches noch im Keller zu Hause habe. Entschlossen machte er kehrt, um dieses zu holen. Er brachte genau das Material, welches ich so verzweifelt gesucht hatte, ... und er schenkte es mir.

Als ich mich an diese Begegnung erinnerte, sprach Gott ganz deutlich zu mir: «Ich bin dir durch diesen Mann begegnet.» Gott hat mir meinen Vater ersetzt, genau in den praktischen Angelegenheiten, in denen ich auf Hilfe angewiesen war. Er schickt mir Leute vorbei, die mir helfen. Nun wusste ich: Gott sorgt für mich!

Marlene: Jesus mein Halt

Es war der 26. Dezember. Eben hatte ich erfahren, dass ich mit meiner Familie am nächsten Tag zum Fondue in einer Scheune eingeladen war. Ich dachte, das sei ein schlechter Scherz. Meine Tochter erholte sich gerade von einem hohen Fieber, das mehrere Tage angedauert hatte. Draussen war es winterlich kalt: «Wie kann man zu dieser Jahreszeit bloss ein Fondue-Essen in einer Scheune abhalten. Eine ungeheizte, dem Wind ausgesetzte Scheune!»

Während der letzten vier Tagen hatten wir drei Weihnachtsfeste gehabt – und nun diese unangenehme Einladung. Ich fühlte mich am Ende meiner Kräfte und wollte nur noch weit weg. Flüchten ist schliesslich eine meiner lang trainierten Strategien. Nachdem ich mich Stunden davor gedrückt hatte, setzte ich mich und fragte: «Gott, was soll ich tun?» Das Versprechen von Gott aus Jesaja 42,3 war ständig in meinem Kopf: «Das geknickte Rohr bricht er nicht durch [...]»

Ich fühlte mich wie ein kleines Bäumchen, das nur noch ein verwurzeltes Ästchen war, und hatte das Gefühl, als würde jemand darum Halsketten legen. Zum Teil hatten diese Halsketten zwar wunderschöne, jedoch auch ziemlich grosse und schwere Anhänger, und deren Gewicht fing an, das Bäumchen mehr und mehr zu biegen. Ich wusste, dass es bald brechen würde, wenn nicht etwas geschähe. Ich wollte diese Halsketten entfernen, merkte aber, dass es nicht funktionierte. Da kam mir diese eine Frage in den Sinn, die mir meine Freundin vor einiger Zeit gestellt hatte: «Wo ist Jesus in dieser Situation?»

Sofort sah ich, wie das Kreuz von Jesus genau neben mir – dem Bäumchen – stand, mich umgab und hielt. Das kleine Bäumchen, das zu schwach war, um die ihm aufgeladene Last zu tragen, wurde vom mächtigen Kreuz gestützt.

Manchmal können wir die Situationen in unserem Leben nicht ändern, können die Last nicht abwerfen. Doch wir dürfen immer auf die Hilfe Gottes zählen. Als ich dieses Bäumchen mit den Halsketten und dem stützenden Kreuz in mein Tagebuch gezeichnet hatte, fühle ich mich viel ruhiger und zuversichtlicher. Ich dachte: «Das ist doch verrückt. Wieso geht es mir besser? An meiner Situation hat sich doch nichts geändert?» Doch dann merkte ich, dass sich sehr wohl etwas geändert hatte: Ich hatte Jesus wieder an meiner Seite und versuchte nicht, meinen Alltag allein zu meistern. Interessanterweise spürte ich, dass die Zeichnung noch nicht fertig war. Im Schutz des Kreuzes fing das kleine Bäumchen an zu blühen. Es war ein wunderschönes Bild. Freude und Frieden erfüllten mein Herz.

Und wie wurde nun diese unangenehme Einladung zum Fondue? Ja, die Scheune war kalt und meine Tochter war noch nicht hundertprozentig gesund. Das Gefühl von Überforderung und Kraftlosigkeit trat manchmal auf. Doch sofort erinnerte ich mich an das Bild, das ich gemalt hatte, und wusste, dass Jesus mich stützen würde. Ich bat ihn in meinem Herzen um seinen Halt und seine Kraft. Es war unglaublich, wie sein Friede auf mich kam.

Corinne: Hinter Gott durch die Verkehrsberuhigung

Ich bin Mami von drei kleinen Kindern, die oft – wenn auch nicht immer – super süss sind und die ich von Herzen liebe. Ich arbeite 100 Prozent als Mami. Mit meinem Mann und den Kindern wohne ich in einer tollen Wohnung in einem Block mit vielen netten Menschen, was ich sehr schätze.

Aber in meinem Herzen gibt es da diese deutliche Sehnsucht nach mehr; nach Abenteuer. Kein Abenteuer aus einem Buch oder Film, das kurzfristig zwar die Sehnsucht zum Schweigen bringt, aber eben nicht stillt und nicht mein Eigen ist.
Ein mögliches, reales Abenteuer wäre es, ein Haus zu kaufen. Zuerst war es nur der Wunsch meines Mannes, aber langsam wurde sein Wunsch auch zu meinem. Da wir seit über zehn Jahren sparen, wird dieser Traum auch immer realistischer.
Arbeiten zu gehen wäre ein weiteres, umsetzbares Abenteuer. Auch ein viertes Kind fand ich eine tolle Idee.

Vor einem halben Jahr dann wurden diese drei Möglichkeiten auf einmal alle gleichzeitig aktuell: «Will ich wieder arbeiten gehen? Kaufen wir ein Haus, das uns interessiert? Wie steht es mit einem vierten Kind?»

Mein Mann konnte sich kein viertes Kind vorstellen – wozu ich erst einmal ein innerliches Ja finden musste. Ich brauchte Zeit und Ruhe mit Gott. Auf einem Gebetsspaziergang flehte ich zu ihm um Hilfe und hatte klar den Eindruck, mit meiner Mutter über all das reden zu müssen. Dieses Gespräch tat mir gut – und hatte zur Folge, dass ich mit dem Kinderwunsch abschliessen konnte, wir das Haus nicht kauften und ich die Stelle ablehnte. Erstaunlicherweise war ich nicht mal enttäuscht oder wütend; es war einfach gut so, denn in der nächsten Zeit sollte etwas anderes dran sein. Ich selber sollte mich zuerst mit mir beschäftigen, meine Identität besser kennenlernen – selbstbewusster werden.

Während ich das schreibe, befinde ich mich noch immer mitten in diesem Prozess. Ein Fazit kann ich noch nicht ziehen, doch so viel kann ich bereits sagen: Es ist zwar hart, aber wirklich gut.

Nun ja, das ist nicht die ganze Geschichte. Ich neige dazu, mich sehr schnell in etwas hineinsteigern zu können. Vor zwei Monaten war es so weit; die ganze Leier ging wieder von vorne los: Das Haus war immer noch nicht verkauft, ich hatte ein konkretes Stellenangebot und unzählige Möglichkeiten, unkompliziert wieder tief in meinen Beruf einzusteigen. Mit diesen Gedanken im Herzen – also nicht unmittelbar in meinem Kopf – begab ich mich eines Tages mit dem Fahrrad in den Nachbarort. Mit meinem E-Bike fuhr ich flott durch eine 30er-Zone mit drei Hindernissen zur Verkehrsberuhigung. Vor mir fuhr ein Lastwagen, was mich ärgerte, da ich ein tolles Tempo hatte. Plötzlich kam uns ein anderer Lastwagen entgegen –der vor dem ersten Hindernis anhielt und uns Platz machte. «Mein Lastwagen» und ich konnten ohne Tempoverlust weiterfahren. Ich grinste fröhlich vor mich hin – verschwunden war der Ärger. Dann folgte der zweite Stein; wieder kam uns ein Fahrzeug entgegen. Als auch dieses anhielt und den Lastwagen und mich als Anhängsel einfach durchliess, freute ich mich riesig. Mir kam ein Gedanke, der eigentlich völlig komisch war, ich glaube, der kam direkt vom Himmel: «Dieser Lastwagen ist wie Gott, der vor mir hergeht», dachte ich – was für mich eher atypisch ist, da ich normalerweise nicht solche Vergleiche herstelle. Beflügelt und beschwingt fuhr ich mit diesem Gedanken weiter und dann ... hielt mein Lastwagen beim dritten Hindernis einfach an und bremste mich aus.
Sofort wusste ich, dass Gott mir etwas damit sagen wollte. Genaugenommen hat er es nicht mal gesagt, sondern einfach gemacht. Er hat mich ausgebremst und mich daran erinnert, was momentan in meinem Leben dran war. Nämlich nicht irgendein grossartiges Abenteuer und äusserliche Veränderung, sondern dazubleiben, wo ich gerade war, und das zu tun, was momentan mein Auftrag war.

Jetzt, zwei Monate später, weiss ich, dass ich derzeit genau am richtigen Platz bin, obwohl ich gerne hin und wieder die Hausanzeigen und Jobangebote durchschaue – schliesslich hat Gott mich auch ziemlich neugierig erschaffen. Für meine «Arbeit» an mir hat er mir sogar eine Freundin an die Seite gestellt, um ein Buch zum Thema Identität gemeinsam durchzuarbeiten. Ich bin gespannt, was passiert, wenn wir es fertig gelesen haben. Obwohl, wie ich Gott kenne, kann er meine neuen, zeitlich angepassten Pläne – 1. Selbstbewusstsein, 2. Haus und 3. irgendeine sinnvolle Zusatzbeschäftigung – auch wieder gründlich über den Haufen werfen.

Cecile: Der Cowboy

In schwierigen Situationen habe ich mir angewöhnt, kurz innezuhalten und Gott zu fragen: «Was sagst du dazu?» Erst dann gehe ich in meinem Alltag weiter, mit meinem Herzen ausgerichtet auf Gott. So entstand auch die folgende Geschichte. Bevor ich diese Geschichte aber erzähle, muss ich noch etwas erklären: Pferde nehmen in meinem Leben einen wichtigen Platz ein. Sie tragen mich durch die Wälder (Abenteuer), sie spiegeln mein Verhalten (Selbstreflexion) und ich kann ihre Nähe geniessen, ohne mich erklären zu müssen (Trost). Wenn also jemand über Pferde spricht, weiss ich, um was es geht. Die Thematik berührt mein Inneres, mein Herz. So wie Jesus zu den biblischen Zeiten vom Sämann oder vom Weinbauer gesprochen hat, so spricht er heute in meiner Sprache zu mir. Und ja, manchmal geht es dabei um Pferde ...

Ich bin Mama von 2 Kindern und freue mich, sie in ihrem Leben zu begleiten, zu sehen, wie sie älter werden, wie sich ihr Radius Stück für Stück erweitert. Und dementsprechend möchte ich sie in die Selbstständigkeit hineinführen. Im Weg steht mir dabei eigentlich nur eine Person: ich selbst.

Dies wurde mir einmal mehr bewusst, als ich in einer für mich sehr schwierigen Lebenslage war. Die ganze Sache betraf meinen Sohn, der sich in einer bestimmten Situation auf eine Art und Weise verhielt, die ich nicht nachvollziehen und auch nicht gutheissen konnte. Ich selbst hätte ganz anders gehandelt und konnte ihn und sein Handeln einfach nicht verstehen. Am liebsten wollte ich meinem Sohn vorschreiben, wie er sich zu verhalten hatte – schliesslich bin ich ja seine Mutter und war mir sicher, ihn durch und durch zu kennen. Ausserdem hätte ich dann meinen inneren Frieden wieder zurückgehabt. Mit anderen Worten: Mein Sohn hatte (jedenfalls aus meiner Sicht) ein Problem und ich hatte die Lösung. «Also Gott, bitte mach, dass es wieder gut wird, okay?!»

Doch es wurde nicht besser. Ich blieb gestresst und merkte, dass ich jemanden zum Reden brauchte. Also telefonierte ich mit meiner Freundin. Dank ihres behutsamen Nachfragens wurde mir bewusst: Ich wollte meine Handlungsweise meinem Sohn aufdrängen. (Wie war das nochmals mit der Selbstständigkeit?) Als mir das klar wurde, musste ich schlucken und ich versuchte, loszulassen und die Kontrolle abzugeben. Ich bat Jesus, mir zu zeigen, was Er denn mit meinem Sohn vorhatte. Für kurze Zeit gelang mir das Loslassen auch, doch ein paar Tage später stand ich innerlich wieder am selben Punkt: «Wenn mein Sohn doch nur sehen könnte, dass ich die Lösung parat habe!», dachte ich frustriert.

Wieder redete ich mit meiner Freundin und am Schluss des Gesprächs beteten wir. Da sagte sie: «Ich sehe Jesus vor meinem inneren Auge als Cowboy. Er steht am Rand eines eingezäunten Sandplatzes, wo normalerweise mit Pferden gearbeitet wird. Dein Sohn und du stehen in der Mitte. Du hast die Führung und gibst deinem Sohn Anweisungen.»

Für jemanden wie mich, für den Pferde so wichtig sind, ist dies ein sehr alltägliches Bild: Etliche Stunden schon habe ich mit einem Pferd auf einem sogenannten «Viereck» verbracht. Ich weiss deshalb aus eigener Erfahrung, dass es sehr viel Spass machen kann, dort vom Boden aus mit Pferden zu arbeiten. Aber es kann auch sehr anstrengend sein und dann bin ich immer froh, wenn ich die Führung an eine Person abgeben kann, die noch mehr Erfahrung hat als ich.

Meine Freundin erzählte weiter: «Jesus würde gerne in die Mitte des Platzes kommen und die Führung übernehmen. Möchtest du das?» Ich zögert, musste schlucken und antwortete dann: «Einerseits bin ich wirklich müde, weil ich schon so lange die Führung habe, andererseits bin ich auch unsicher. Wird Jesus dann wirklich führen, wenn ich mich zurücknehme? Und was habe ich dann zu tun? Was wäre denn meine neue Rolle, mein neuer Platz? Die Frage nach meinem neuen Platz ist für mich wirklich sehr wichtig. Ohne eine Antwort darauf kann ich die Führung nicht abgeben. Deshalb hat ja das Loslassen beim ersten Anlauf auch nicht wirklich geklappt», fügte ich hinzu.

Meine Freundin stellte mir ein paar gezielte Fragen, die mir halfen, das Bild innerlich noch etwas auszubauen und mir wurden einige Dinge bewusst: Jesus gab sich mir in diesem Bild als Cowboy zu erkennen. Er scheint ein Experte in puncto Pferdeführung zu sein. Ich konnte also davon ausgehen, dass er übernehmen würde, wenn ich ihm den Platz und die Führung überliess. Ich dachte daran, dass ich schon häufiger für eine Bodenarbeitsstunde eine Pferde-Expertin gebucht hatte und es immer sehr hilfreich fand, ihr auch mal vom Rand aus zuschauen zu dürfen und sie dabei zu beobachten, wie sie mit dem Pferd umging. Dadurch lernte ich sehr viel und konnte später mit diesem neuen Wissen viel besser mit dem Pferd weiterarbeiten.

«Ja, wenn ich ehrlich bin, wäre ich eigentlich froh, wenn Jesus die Führung übernehmen würde und ich vorerst «nur» zuschauen dürfte. Auf diese Weise könnte ich viel von Jesus lernen», sagte ich zu meiner Freundin.

Ich fühlte, wie ich nun endlich loslassen konnte und dadurch wieder innerlich ruhig wurde. Friede kehrte in mein Herz zurück und mein Plan, meinen Sohn zu überzeugen, löste sich in Luft auf. Ich konnte ihn mit anderen Augen sehen und war sehr erleichtert, dass Gott nicht einfach mein vermeintliches Problem gelöst, sondern mir aufgezeigt hatte, was wirklich dran war: Es ging darum, meinen Sohn zur echten Selbstständigkeit zu erziehen. Indem Jesus mir durch dieses Cowboybild sein Wesen erneut offenbart hat, so mein Vertrauen gewann und mir einen neuen, viel besseren Platz zuwies, konnte er mir nun zeigen, was echte Selbstständigkeit eigentlich heisst.

«Danke Cowboy ...»

Nadin: Shoppingtour mit Gott

Nach den Ferien hatten wir endlich Zeit, unsere Gutscheine, die sich angesammelt hatten, durchzusehen. «Heute wäre die Gelegenheit, diese Gutscheine während einer Shoppingtour in der Stadt einzulösen», meinte ich zu meinem Mann. Da unsere Kinder zu der Zeit noch klein waren, und ich unsere Jüngste noch stillte, brauchte so ein Ausflug jedoch etwas mehr Planung. Mein Mann willigte sofort ein, nach unserer älteren Tochter zu schauen. So hatte ich die Möglichkeit, die Shoppingtour mit der Kleinen zu geniessen. Ich freute mich riesig auf diesen, damals seltenen, Moment.

Das Vorbereiten und Packen ging los. Wer kleine Kinder hat, weiss, dass dies immer mehr Zeit braucht, als man denkt. Endlich bereit! Doch ein Blick auf die Uhr entmutigte mich: bereits 11 Uhr. Um 16 Uhr musste ich doch schon wieder zu Hause sein, da wir Besuch erwarteten. Meine Gedanken rotierten: «Ist es überhaupt noch sinnvoll, zu gehen? Unter dem Zeitdruck werde ich die Shoppingtour nicht geniessen können. Und dafür all dieser Aufwand?» Doch mein Mann motivierte mich. Er meinte, ich solle einfach mal losgehen.
Also schlenderte ich voll bepackt zum Auto, wo ich den Kinderwagen und andere Notwendigkeiten der Jüngsten im Kofferraum verstaute. Endlich sass ich im Auto, startbereit. «Das darf doch nicht wahr sein!» Das Auto wollte nicht anspringen.
Endgültig entmutigt und gefrustet stapfte ich zurück zum Haus. Der fragende Blick meines Mannes verwandelte sich nach meinen Erklärungen rasch. Doch anders als ich war er guten Mutes: «Lass dich von den Umständen nicht entmutigen. Gott schenkt immer eine Lösung.» Ganz konkret fing mein Mann an, zu beten: «Schenk uns einen Nachbarn, der jetzt zum Auto läuft und beim Überbrücken hilft.»

Gewünscht – erhört. Nur zehn Minuten später, nachdem tatsächlich ein Nachbar beim Auto aufgetaucht war, befand ich mich auf den Weg in die Stadt. Meine anfänglichen Befürchtungen, dass dieser ganze Ausflug ein Gehetze werden würde, traten nicht ein.

Gott führte mich durch die Läden, sodass ich innerhalb kürzester Zeit alles gefunden hatte. Ich war entspannt; freute mich über die Einkäufe. Als krönenden Abschluss hatten mein Mann, die Kids und ich sogar noch Zeit für ein gemeinsames Mittagessen in der Stadt.

Rebekka: Die Wirkung meines Gottvertrauens

Ich durfte immer wieder erleben, wie Gott mich ermutigt, herausgefordert oder schlicht geliebt hat. Es gibt unzählige Erlebnisse, einige sind mir im Gedächtnis geblieben, andere habe ich vergessen.

Am häufigsten erlebe ich Gott in den Umständen: Zum Beispiel treffe ich des Öfteren genau zum richtigen Zeitpunkt exakt die Personen, die mir Informationen oder Hilfestellungen geben können.

So auch heute, wo ich gerade diese Zeilen schreibe: Mein Mann und ich haben einen Adapter für die Campinggasflasche in Spanien gesucht. Zuerst beim Camping-Ausstatter, dann im Baumarkt, beim Klempner, beim Spengler – ohne Erfolg. Auf dem Campingplatz schliesslich sagte unser Nachbar: «Ah ja, kein Problem. Das kann ich dir morgen mitbringen.»

Ähnlich war es einmal, als ich nach einer aufwühlenden Diskussion in den Wald ging und Gott fragte: «Bist du wirklich mein Freund?» Wenig später schauten mich zwei Rehe aus dem Unterholz an und ich wusste: «Ja, ja, ja!» Ich liebe die Natur und die Tiere und schon als Teenager waren Begegnungen mit Tieren für mich immer Geschenke Gottes.

Manchmal spricht Gott auch durch die heilige Unruhe zu mir. In diesen Fällen weiss ich ziemlich genau, was ich eigentlich tun sollte, aber es kostet mich Überwindung. Ich weiss dann, dass mir diese Sachen keine Ruhe lassen werden, bis ich etwas gemacht habe.

So war es einmal in einem Ferienlager – ich war dort Juniorleiterin –, als meine ältere Kollegin am Abend Kopfschmerzen hatte. Sie sagte mir, sie habe Angst, dass sie nicht schlafen könne und einen Migräneanfall habe. Ich wusste irgendwie, dass ich das Salatöl holen sollte, um sie zu salben und mit ihr zu beten. Das habe ich dann tatsächlich gemacht und sie ist auf der Stelle eingeschlafen. Am Morgen war sie fit.

Ein anderes Mal hatte ich das Gefühl, einer befreundeten Familie, die finanzielle Schwierigkeiten hatte, 4500 Franken zu geben. Ich haderte einige Tage. «Was denken die bloss von mir, wenn ich plötzlich mit so viel Geld vor der Tür stehe?» Als ich es dann endlich vorbeibrachte, öffnete eine Person dieser Familie die Tür. Ich gab ihr das Couvert und wäre am liebsten verschwunden. Aber sie wollte genau wissen, von wem und warum. Dann sagte sie: «Heute ist mein Geburtstag!» Wow, was für ein Timing.

Am liebsten mag ich die heiligen Geistesblitze. Ideen, die so gut sind, dass sie nur vom Himmel kommen können. Man kann sich natürlich immer fragen, ob das jetzt die eigene Idee, Gottes Stimme oder – sehr charismatisch – die Stimme des Teufels war, der einen verführen will. Ich bin da allerdings pragmatisch. Solange ich dabei mich, meinen Nächsten und Gott liebe, kann ich es getrost als meine oder Gottes Stimme nehmen. Im Idealfall stimmen meine Gedanken mit den seinen ja überein.

Ein spezielles Ereignis erlebte ich auf unserer Hochzeitsreise in Brasilien. Ich wurde von einem Hund angefallen; ziemlich üble Sache. Ich lief rückwärts und stolperte über einen Absatz. Der Hund gelangte mit seiner Kette genau bis zu meinem Schambein. Er verbiss mir beide Beine. Ich kann mich erinnern, wie ich betete: «Hilft mir denn niemand?» Wenige Sekunden später rammte ein anderer Hund den Angreifer. Während die beiden kämpften, konnte ich mich ein paar Meter rückwärts schleppen.
In diesem Ereignis sehe ich das Handeln Gottes. Allerdings habe ich mich bewusst dazu entschieden, das Erlebte so zu deuten. Man kann durchaus sagen, das sei einfach Glück oder Zufall gewesen. Früher hätten mich solche Aussagen genervt und ich hätte versucht zu beweisen, dass dies nicht Zufall war. Heute sage ich: «Kann sein, aber ich glaube es nicht.»
Nach dieser Hundeattacke hat mein Mann mich blutend zum Haus getragen. Er hatte Angst, dass der Hund die Schlagader am Oberschenkel erwischt haben könnte. Da hörte ich wirklich eine Stimme in meinem Kopf sagen: «Du wirst nicht sterben.» Ich wusste das so sicher, wie nur selten etwas, und teilte dies meinem Mann mit. Gottes Stimme so zu hören war ein einmaliges Erlebnis für mich.

Wahrscheinlich könnte man all diese Ereignisse psychologisch erklären, wenn man will. Aber um es mit den Worten Christina Bruderecks zu sagen: «Ob es Gott gibt oder nicht und ich seine Stimme höre oder nicht, kann ich nicht beweisen. Aber ich sehe die Wirkung meines Gottvertrauens und die überzeugt mich.»[8]

---

8 Wiedergegeben aus dem Buch: T. Hebel / D. Schneider, Freischwimmer. SCM Verlag, Holzgerlingen 2016, S. 99.

Wie **glücklich** ist der, dessen Hilfe
der Gott Jakobs ist, der seine Hoffnung
auf Jahwe, seinen Gott, setzt!

Psalm 146,5

Das Thema «Auto» hat uns in unserem Leben immer wieder beschäftigt. Vor einigen Jahren haben mein Mann und ich uns entschlossen, auf ein Elektroauto umzusteigen. Der Kauf war kurzfristig und hat sich im Nachhinein leider als Fehlinvestition herausgestellt. So schrieben wir unseren E-Golf zum Verkauf aus, wodurch er bald einen neuen Besitzer fand.

Da wir planten, im nächsten Jahr für drei bis vier Monate in die USA zu reisen, verschoben wir den Kauf eines anderen Autos auf den Zeitpunkt nach unserer Rückkehr. In der Zwischenzeit konnten wir unser altes Geschäftsauto benutzen, das wir seinerzeit nicht hatten verkaufen können und welches im Geschäft nicht mehr gebraucht wurde. Vor unserer Abreise sagten wir unseren Kindern, dass sie unser Auto während unserer Abwesenheit gerne als Zweitwagen benutzen dürften.

Wir waren etwa eine Woche in den USA unterwegs, als unsere Tochter uns mitteilte, wie froh sie um unser Auto sei. Ihr Auto war erneut defekt und eine Reparatur kam aufgrund des Alters und der Kosten nicht mehr infrage. «Das passt ja prächtig», dankten wir Gott.

Auf den langen Fahrten an der Ostküste der USA entlang sprachen wir viel über unser neues Auto. Welches sollte es denn werden? Für uns beide war klar: wieder ein Elektroauto. Wir gingen alle bekannten Modelle durch und eigentlich hatten wir beide schon einen Favoriten. Aber muss es wirklich ein «TESLA» sein?
Während wir so entlangfuhren, wurden wir immer wieder von grossen Autotransportern überholt. Irgendwann fingen wir an, jedes Mal, wenn uns so ein Gefährt überholte, Gott für unser neues Auto und für das Auto von der Familie unserer Tochter zu danken. Tief im Innern waren wir gespannt, was Gott tun würde.
Als wir wieder zu Hause waren, überliessen wir unserer Tochter das Auto, da sie dringend auf einen fahrbaren Untersatz angewiesen war. Wir hatten andere Optionen und mussten nicht mehr täglich zur Arbeit fahren, da wir pensioniert sind.

Aber welches Auto war nun das Richtige für uns? TESLA, Hyundai …? Mein Mann recherchierte, studierte und führte Gespräche. Eines Tages im Dezember entschlossen wir uns für unser Wunschauto. Es war in absehbarer Zeit lieferbar, überzeugte von der Reichweite und ist einfach ein «geiles Auto».

Als wir uns entschieden hatten, kehrten, wie schon oft in unserem Leben, tiefer Friede und Dankbarkeit Gott gegenüber in unsere Herzen ein. So waren wir Anfang April glückliche Besitzer von unserem neuen Auto. Die A-Klasse haben wir der Familie unserer Tochter geschenkt und dabei einen «Förderbeitrag» vom Kanton Thurgau bekommen, weil wir nur ein Auto unser Eigen nennen und dieses elektrisch ist. Auch da gilt unser Dank an Gott, dass wir in einem Kanton wohnen, der die Elektromobilität unterstützt.

Während dieser Zeit kam mir in den Sinn, dass wir Gott eigentlich auch um ein neues Auto für die Familie unserer Tochter gebeten hatten. Dann, an einem Samstagmorgen Ende Oktober, bekamen wir die Nachricht, dass unsere Tochter in einen Autounfall verwickelt worden war. Eine Frau hatte ihr die Vorfahrt genommen. Das Auto der Unfallverursacherin hatte nur wenig Schaden, aber das Auto unserer Tochter erlitt Totalschaden. Es ist ein Wunder, dass niemand verletzt wurde. Die Kinder hatten auf der eingedrückten Seite gesessen und den Crash dennoch ohne gesundheitliche Folgen überstanden. Dankbar, dass alle unversehrt waren, haderten wir dennoch mit Gott. Musste dieses Auto nun kaputtgehen? Geld für ein neues Auto war nicht vorhanden, doch sie brauchten ein Auto, um ihren täglichen Verpflichtungen nachzukommen. Gott lässt uns nie im Stich! Schlussendlich zahlte die Versicherung eine Summe, die doppelt so hoch war wie der Betrag, den mein Mann erhalten hätte, wenn er den Wagen Jahre zuvor eingetauscht hätte. Dank Gottes eingreifen konnten sie so im Internet eine «Familienkutsche» erwerben. Die Kosten beliefen sich auf genau den Betrag, den sie zahlen konnten.

Wenn wir mit unserem Auto unterwegs sind, denke ich oft an die Zeit in Amerika zurück. Ich staune, wie Gott unsere Gebete für ein neues Auto für uns und unsere Tochter erhört hat.

Daniela: Die Krone bleibt auf dem Kopf

«Soll ich diese Sonnenbrille wirklich kaufen?» Ich schaute in den Spiegel und wog ab. «Vielleicht steht sie mir ja nicht besonders gut.» Da hörte ich in mir die wohlbekannten Sätze «Spielt doch eh keine Rolle, wie ich aussehe. Es kommt nicht darauf an, ob ich jemandem gefalle. Wen interessiert's? Du brauchst nur dir zu gefallen.»

Die abwertenden Sätze waren wie ein Mantra. Sie wiederholten sich bei jeder Shopping-Tour in meinem Kopf, wenn ich alleine unterwegs war. Sie lenkten mich ab; ärgerten mich. Wie war es möglich, dass eine Frohnatur wie ich so deprimierende Sätze im Gedanken-Hamsterrad drehen liess, ohne sie aufhalten zu können?

Eines Morgens hörte ich mir den Vortrag «Die Kunst, eine Frau zu lieben»[9] an . Der Redner wies darauf hin, dass der Mann seiner Frau Identität zusprechen solle und dass er sie in ihrer äusseren und inneren Schönheit bestärken müsse. In einer solchen Bejahung ihrer Persönlichkeit werde die Frau aufblühen und sich wie eine Königin fühlen. Im selben Moment hatte ich das Gefühl, dass Gott mich daran erinnerte, dass er mir seine Identität zusprict. Diese Identität als Gottes Kind, ja als Königstocher, kannte ich. Innerlich sah ich mich mit der Krone auf dem Kopf. Ich war meinem Vater im Himmel dankbar, sie tragen zu dürfen. Doch da fragte mich Gott: «Wieso trägst du sie denn nicht?» Völlig erstaunt über diese Frage, meldeten sich in meinem Herzen plötzlich diese abwertenden Sätze «Spielt eh keine Rolle ...»; «Völlig egal, ob du gefällst ...» Der Heilige Geist führte mir vor Augen, dass ich mit diesen Aussagen die Identität des Minderwerts über mich aussprach und die Krone der Identität Gottes in diesen Momenten jedes Mal absetzte. Mit Betroffenheit bat ich Gott um Vergebung, dass ich dieses falsche Denkmuster über mich so lange geduldet hatte. Ich legte es ab und entschied mich, die Krone von da an immer zu tragen und nicht mehr abzusetzen.

Einige Zeit später war ich wieder einmal in der Stadt unterwegs und konnte mit grossem Erstaunen und Dankbarkeit feststellen, dass die negativen Aussagen in meinem Kopf nicht mehr auftauchten. Gott hatte mein destruktives Denkmuster auf der Gehirn-Festplatte gelöscht. Ich habe mich entschieden, nur noch Gottes Aussagen und seine Wahrheit über mich auszusprechen, denn ich trage seine Krone – und die bleibt auf dem Kopf!

Adi: Kannst du mehr lieben als ich?

Ich staune oft darüber, auf welch kreative Weise Gott Dinge sagen kann. Wenn er spricht, dann begreifst du wirklich. Ich erzähle dir ein solch prägendes Erlebnis:

Ich unternahm einen Spaziergang in den Bergen von Grindelwald. Während ich im Bergfrühling über die Wiesen lief, kam tief in mir die Frage hoch: «Gott, was denkst du über mich?» Die Antwort kam unmittelbar durch eine innere Stimme – einen Gedanken. Es war der Beginn eines Dialoges: «Schau auf deinen Sohn.»

9 Johannes Hartl (2018), Gebetshaus Augsburg: https://www.youtube.com/watch?v=JXT2J7e_Hfo, Stand: 12.5.2020.

Als Erstes war mir nicht klar, was diese Aufforderung mit meiner Frage zu tun haben sollte. Aber wenn du Gott etwas fragst, dann ist es gut, erst einmal darauf zu reagieren; auf das Horchen folgt oft das Ge-horchen. Ansonsten könntest du verpassen, was ER wirklich sagen will ... Ich richtete meine Aufmerksamkeit also auf meine Söhne. Da stand mir mein jüngerer Sohn L. vor Augen.

Dazu muss ich dir eine Geschichte in der Geschichte erzählen:
Als meine Frau mit unserem zweiten Sohn schwanger war, hatte ich plötzlich eine Krise. Ich konnte mir nicht vorstellen, dass ich noch mal einen Sohn so sehr lieben könnte wie meinen erstgeborenen Sohn J. Es kam mir vor, als würde mein ganzer Liebestank zu ihm fliessen. Da konnte doch nichts mehr übrig bleiben für den zweiten. Dieses Dilemma habe ich Gott gebracht und ihn gebeten, dass ER mir die Liebe für L. schenkt. Sobald L. auf der Welt war, zerplatzte mein Herz fast vor Liebe – was der Liebe zu J. natürlich keinen Abbruch tat.

Zurück nach Grindelwald: Ich richtete meine Aufmerksamkeit auf L. und spürte augenblicklich diese unbändige Liebe, bei der mir schier das Herz zerplatzt. Nach einer Kunstpause sagte Gott zu mir: «Glaubst du wirklich, dass du deinen Sohn mehr lieben kannst, als ich dich liebe?»

Das hat gesessen! Diese sehr liebevolle Lektion habe ich nie mehr vergessen.

Allen: Willst du reiten?[10]

Vor Jahren standen meine Frau und ich einer der schwerwiegendsten Entscheidungen unseres Lebens gegenüber. Ein Dienst in Colorado lud mich ein, Teil ihres Teams zu werden. Dies würde einen Umzug quer durchs ganze Land beinhalten. Zudem würden wir uns von einer zwanzigjährigen Karriere im Verlagswesen, einer fantastischen Kirche, besten Freunden, einer brillanten Schule und von dem Haus, in welchem wir unsere Kinder grosszogen, verabschieden müssen. Der Lohn war gut, aber deutlich geringer als mein Lohn als Verleger. Theoretisch hätte man nicht einen Augenblick zögern müssen, diese Gelegenheit abzulehnen. Aber wir wollten uns nicht auf menschliche Weisheit verlassen. Wir hungerten nach Offenbarung. «Gott, wir brauchen eine klares Ja, bevor wir zusagen. Oder ein festes Nein und wir vergessen die ganze Sache.»

---

10 Mit der Erlaubnis des Autors, frei übersetzt nach: Allen Arnold, The Story of With. A Better Way to Live, Love & Create, United States of America 2016.

Stattdessen versorgte er uns mit zahllosen kleinen Hinweisen und Andeutungen, dass wir umziehen sollten. Ich drängte auf eine klare Antwort. «Komm schon Gott, sei nicht zurückhaltend. Sollen wir gehen oder bleiben? Ein Wort von dir wird diese ganze Angelegenheit klären.»

Gott offerierte uns etwas viel Grossartigeres: eine Vision, die uns ermöglichte, ihn und diese Möglichkeit in einem völlig neuen Licht zu sehen. Als ich mit geschlossenen Augen betete, sah ich meine Frau und mich einen Waldweg entlangspazieren. Wir kamen zu einer Lichtung mit einem kleinen Gehege. Darin befanden sich zwei Hengste. Ein alter Ranger stand auf der gegenüberliegenden Seite, einen Stiefel auf den Holmen abgestützt, mit seinem leicht schief gelegten Cowboyhut. Wenn er lächelte, zeigten sich Falten um seine stahlblauen Augen.

In dieser Vision war uns Gott vorausgegangen und hatte sich um jedes Detail gekümmert. Der Waldweg war freigeräumt worden. Die Pferde im Gehege waren gesattelt. Das Gatter war entriegelt. Der Ranger fragte mit sanfter Stimme: «Wollt ihr reiten?» Der Ton in seiner Stimme vermittelte Respekt und klang wie eine Einladung zu einem neuen Wagnis. Hätte der Ranger stattdessen ein Megafon zur Hand genommen und ausgerufen «Ja, tut es!» oder «Nein, geht nicht!», wäre es klarer gewesen ... und weniger zufriedenstellend. Statt der schnellen Antworten schenkte er tiefgehende Fragen. Dann gab er uns die Freiheit, zu wählen.

Wir benötigten die richtigen Fragen, um zu wissen, dass unsere Antwort ein leidenschaftliches Ja war. Erst nachdem wir die Einladung angenommen hatten, realisierten wir, dass ein drittes Pferd im Gehege stand. Das Angebot war nie, alleine zu reiten, sondern mit ihm.

Wie ging die ganze Geschichte aus? Vier Jahre später haben wir immer noch viele Fragen. Doch wir haben auch entdeckt, dass Antworten überbewertet werden können. Unsere Familie liebt die Weiträumigkeit unseres Glaubens und Lebens, doch finanziell sind die Dinge nicht so weiträumig. Wir vermissen unsere nahen Freunde und die Kirche, welche wir zurückgelassen haben. Wenn meine Frau und ich in eine Zeitmaschine könnten, würden wir zu unserem Leben vor dem Umzug zurückgehen? Erst kürzlich diskutierten wir diese hypothetische Möglichkeit und waren uns darin einig, dass wir eher die Maschine zerstören würden, als zu verlieren, wer wir selber wurden, als wir Gottes Einladung annahmen. Wir sind nun gerne bereit, dieses geheimnisvolle Leben mit den unbeantworteten Fragen zu umarmen. Gott sehnt sich nach den Menschen, welche an seine Seite kommen und die aktive, unvorhersehbare, intime Freude des Zusammen-Reitens erfahren. Dies zu tun fordert von uns, ihm nahezubleiben. Manchmal wird er an unserer Seite reiten. Ein anderes Mal wird er den Zug anführen. Und gelegentlich fällt er ein wenig zurück, nur um zu sehen, ob wir es bemerken. So lehrt ein guter Vater seine Kinder reiten.

[...] Wir sind alle mit einer ähnlichen Entscheidung konfrontiert. Sind wir hungrig nach einer Garantie [...] oder nach Gott?

Noch nicht am Ziel

Liebe Leserin, lieber Leser,

du hast nun Anteil genommen an einer Reise, die der Heilige Geist mit mir, Amaya, unternommen hat, um nach Hause zum Vater zu kommen. Ich bin jedoch noch lange nicht am Ziel angekommen. Wie Paulus so schön sagt:
Ich will nicht behaupten, das Ziel schon erreicht zu haben oder schon vollkommen zu sein; doch ich strebe danach, das alles zu ergreifen, nachdem auch Christus von mir Besitz ergriffen hat.
Philipper 3,12
Der Heilige Geist hat mich mehr und mehr in meine Identität als Tochter Gottes geführt. Ich durfte erleben, wie diese Reise ein Fundament in meinem Leben gelegt hat. Auf dieses Fundament will ich weiterhin bauen. Will mit aller Kraft weiter auf das Ziel zujagen, meinen Vater immer besser kennenlernen – und darin auch meine von ihm gegebene Identität. Das bedeutet für mich, jeden Tag mit offenen Augen mit ihm unterwegs zu sein. So will ich erleben, sehen, verstehen, was es heisst, als seine Tochter zu leben. Ich bin überzeugt, dass er noch mehr für uns bereithält. Er hat uns seine Gegenwart versichert, er hat Wohnung in uns genommen. Näher kann er uns gar nicht sein. Ich will mehr von dieser Nähe entdecken.

Bei diesen Abenteuern habe ich bisher schon viele schöne Momente erlebt, aber auch Herausforderungen. Eine dieser Herausforderungen möchte ich zum Schluss noch mit dir teilen. Ich hoffe, dass es dich ermutigt, als Tochter oder Sohn Gottes gemeinsam mit ihm vorwärtszugehen. Im Wissen, dass wir ihn brauchen, um unsere Identität als Kinder Gottes immer tiefer zu erkennen. Und im Wissen, dass die Welt es braucht, dass wir als diese Kinder leben.
Egal, wie gut du ihn bereits kennst – ob du schon viele Jahre mit ihm umherreist und seine Stimme dir vertraut ist oder ob du ihn erst vom Hörensagen kennst –, die Gemeinschaft mit ihm ist das Wertvollste, was es gibt.

Als Tochter leben

«Weil du an deiner Identität gezweifelt hast, konntest du die Leute nicht mit den Schätzen, die in dir sind, beschenken.»
Diese Worte sprach der Heilige Geist zu mir, als ich über einen schwierigen Abend

klagte. Wie so oft trafen mich seine Worte mitten ins Herz. Nur seine Worte können so messerscharf und passend und gleichzeitig so barmherzig, liebevoll und befreiend sein.

Doch wie war es zu diesen Worten gekommen? Mein Mann war zu einer Grillparty mit einer kleinen Gruppe von Studienkollegen eingeladen, zu der ich und die Kinder – wohl durch Zufall – ebenfalls eingeladen worden waren. Ich freute mich, die Leute kennenzulernen, die nun schon vier Jahre mit meinem Mann zusammen studierten. Wir waren die einzige Familie und ich war etwa zehn Jahre älter als die anderen. Da ich mir im Voraus keine Gedanken machte, war mir bis zu dem Moment, als wir beim Haus der einen Studentin eintrafen, nicht bewusst, dass sich ja alle kannten – ausser mir. Dies erwies sich dann als meine Herausforderung.

Ich bin eher introvertiert, wodurch es mir nicht leichtfällt, auf unbekannte Leute zuzugehen und ein Gespräch zu starten. Manchmal kommt mir einfach keine Idee, womit ich eine Unterhaltung beginnen könnte. Die Vorstellung, dass ich dann vielleicht gar nichts mehr zu sagen weiss, ist dabei nicht gerade förderlich.

Langsam trudelten die Studenten ein und meine Erwartung, dass sie auf mich zukommen würden, um mehr über mich herauszufinden, wurde in den Wind geschlagen. Nach einem ersten «Hallo» kam zuerst mal nicht viel mehr. Ich war froh, dass ich mich mit den Kids beschäftigen konnte, Ball spielen und herumtollen. Je länger der Abend ging, desto mehr kamen Zweifel in mir auf. Leider sehr gut getarnt, sodass ich allmählich in Selbstmitleid und Selbstanklage hineinrutschte, ohne es zu merken. Gedanken kreisten in meinem Kopf: «Die sehen dich nur als Mutter, die nichts kann, keine Ahnung von der Welt hat und nicht spannend ist. Die haben kein Interesse, mit mir ein Gespräch zu beginnen.» So ähnlich tönte es in meinem Hirn und meine Gefühlswelt passte sich diesen Gedanken an. Die Gesprächs-Insider, welche natürlich nicht fehlten, waren auch nicht hilfreich. Es gab lustige Momente und eigentlich fand ich die Leute ganz sympathisch, doch ich fühlte mich immer schlechter. Bevor ich mich versah, war mein Fazit über mich selber: «Uninteressant, unwichtig, hat nichts zu bieten!» Ich zog mich innerlich zurück und begrüsste den Moment, als wir spät abends endlich nach Hause gingen.

Kaum sassen wir im Auto, um nach Hause zu fahren, platzte der ganze Frust aus mir heraus. Mein Mann war sehr gekränkt und ich vermieste ihm seine ganze Freude darüber, dass er mit uns ein Stück seiner Studienwelt hatte teilen können.

Am nächsten Morgen als ich erwachte, war ich schlecht gelaunt. Ich war wütend oder zumindest missmutig. Ich beschuldigte insgeheim meinen Mann und seine Studienkollegen, dass sie mich zu wenig beachtet hätten. «Wie konnten sie mich aussen vor lassen und nicht auf mich zukommen?» Ich merkte, dass ich meinen Unmut und all die kreisenden Gedanken zu Jesus bringen musste.

Nachdem ich meine Gedanken und Gefühle ein wenig verarbeitet hatte, wurde ich ruhiger. Ich wusste, dass ich nicht alle anderen beschuldigen konnte. Es gab keinen «Schuldigen». Es war lediglich so, dass die anderen nicht meine Erwartungen erfüllten – aber das mussten sie ja nicht. Ich hatte ebenso meinen Anteil an der ganzen Sache. Ich hätte auf die Studienkollegen zugehen können, um Gespräche zu suchen. Langsam wurde ich innerlich ruhiger und wollte vom Heiligen Geist wissen, wie er den Abend sah. Ich spürte zuerst seine Annahme und Liebe. «Ich liebe dich, egal was ist. Ich genoss es, mit dir und den Kindern zusammen zu sein.» Doch er wies mich auch darauf hin, dass meine Bestätigung und Identität nicht darin liegen, was andere zu mir sagen – oder nicht sagen.

Er meinte: «Weil du an deiner Identität gezweifelt hast, konntest du die Leute nicht mit den Schätzen, die in dir sind, beschenken.»

Seine Worte trafen mich tief im Herzen. Ich war traurig darüber, dass ich eine Gelegenheit verpasst hatte. Doch seine Worte waren nicht anklagend, ganz ohne Vorwurf! Sie waren voll Liebe. Sie waren dazu bestimmt, mir zu zeigen, wie wertvoll ich bin und wie viel ich anderen bringen kann, wenn ich nicht an meiner Identität zweifle.

Deine Identität ist es, Gottes Tochter, Gottes Sohn zu sein. Von ihm geschaffen, wertvoll und einzigartig, damit du seine Liebe und das, was er in dich gelegt hat, weiter verschenken kannst. Einfach, indem du als seine Tochter, sein Sohn lebst. Alles andere wird aus dieser intimen Beziehung herausfliessen.

Wenn jemand an mich glaubt, werden
Ströme von **lebendigem**
Wasser aus seinem Inneren fließen […]

Johannes 7,38

Danke

Ich bin dem Heiligen Geist, Jesus und Gott, dem Vater, ewig dankbar, dass sie mir begegnet sind, mich erlöst haben und mein Leben für immer verändert haben. Meinen Alltag mit ihnen zu durchleben, ist das grösste Geschenk für mich. Dieses Buch hätte es nie gegeben ohne all diese Begegnungen.

Ich danke auch meinem Mann und meinen drei wunderbaren Töchtern, die mich unterstütz, an mich geglaubt und mir Zeit zum Schreiben ermöglicht haben.

Thanks Allen for your prayer and your motivation. You encouraged me so that I would believe in me and not give up.

Speziell gilt mein Dank auch Mirja Wagner, die mir durch ihr Lektorat geholfen hat, das Beste aus dem Text herauszuholen. Deine zahlreichen Tipps haben mir es erst ermöglicht, dieses Projekt zu verwirklichen. Du hast eine unglaublich tolle Arbeit geleistet!

Ich bin auch Ingrid Sanguanini dankbar, die durch ihre Kreativität und ihr Können ein tolles Layout zustande gebracht hat. Ohne dich hätte ich keinen professionellen Druck zustande gebracht.

Zuletzt danke ich auch all meinen Freunden, die Einblick in ihr Leben gegeben haben und mich unterstützt haben.

Über die Autorin

Ursula Schor ist verheiratet, Mutter von 3 Töchtern und Schulleiterin. Vor allem aber ist sie eine Tochter Gottes. Sie liebt es, Gottes Stimme zu hören und sein Wirken in ihrem Alltag zu erleben. Als Mitbegründerin vom Verein einzigartig darf sie diese Sehnsucht an den Frauenwochenenden immer wieder teilen und weitergeben. Ihr tiefer Wunsch ist es, dass möglichst viele Menschen diesem nahbaren Gott begegnen.